모두
참여
수업

중등편

모두
참여
수업

정답은 아니어도 답은 있다

손윤선
김양숙
이수현 지음

새로온 봄

추천의 글

교육에서 통합을 이야기하는 유네스코 보고서의 제목을 보고 무릎을 친 적이 있었다. 'All means All.' 우리는 교육을 하면서 얼마나 '모두'를 위한다는 말을 많이 해 왔던가. 하지만 오랫동안 교실에서 내가 만났던 학생들은 전체가 한 묶음으로 보였다. 특별한 기대치도 없이 내가 만든 가상의 평균적인 누군가를 향해 수업을 해 왔던 것 같다. 학생 한 명 한 명이 눈에 들어온 후에는 또 난감할 수밖에 없었다. 그래서 뭘? 어떻게?

여기 세 분 선생님의 경험이 녹아있는 희망의 단초들이 있다. 평균보다는 각자에 주목하고, 각자는 모두 '다르다'라는 것을 당연하다고 여긴 이 선생님들은 자칫 수업에서 소외될 수 있는 학생이 할 수 있는 일을 찾고, 교사와 관계뿐만 아니라 다른 학생들과 관계를 쌓을 수 있게 도우며, 'All'이 진정한 'All'이 될 수 있도록 시도하고 계셨다. 학생들의 이름이 다르고 생김새가 다른 것처럼 그들이 할 수 있는 능력도 다르고 강점도 다르다는 걸, 정원의 꽃들이 각자 피는 때는 달라도 언젠가는 피어난다는 걸, 학생들도 다르지 않다는 걸, 무엇보다 학생들은 수업에 참여하고 싶어 한다는 걸 수업 안에서 보여주고 계셨다. 때로는 협력 강사와, 때로는 다른 학생들과 함께하며 교사 자신을 포함한 '모두'가 수업에 참여하여 더 성장할 수 있도록 우직하게 한 걸음씩.

학교 시스템이나 사회적 분위기가 선생님들을 돕지 않아도 불이 난 숲에서 물을 나르는 벌새처럼 자기 자리에서 할 수 있는 일을 실천하고 계신 선생님들께 따뜻한 밥 한 끼 대접하고 싶다. 무엇보다 나도 뭔가를 해 봐야지, 엉덩이를 들썩하게 만들어 주셔서 감사하다.

구본희(국어교사)
《보니샘과 함께하는 자신만만 프로젝트 10》《보니샘과 함께하는 블렌디드 수업과 평가》 저자
《한 한기 한 권 읽기 어떻게 할까?》《국어샘과 도덕샘이 함께 만든 인성독서》 공저자

우리의 교실은 점점 다양한 학생들로 채워지고 있습니다. 특수교육대상 학생, 경계선 지능 학생, 기초학력부진 학생, 다문화 학생, ADHD 학생, 정서적 어려움이 있는 학생뿐만 아니라 명명하기 어렵지만 각자의 이유로 자신의 존재감을 드러내는 학생들까지 교실은 채워져 있습니다.

저는 이 책의 저자들과 인연이 있습니다. 손윤선, 김양숙 선생님과는 같은 학교에 근무하며 통합학급을 운영하고, 어떻게 수업을 하는지 직접 보았고 협력교수도 함께 했습니다, 이수현 선생님과는 《해 보니까 되더라고요》를 함께 쓰기도 했지만, 온·오프라인에서 함께 수업과 학급 운영에 대한 고민을 많이 나누었습니다. 세 분 저자 선생님이 한 사람도 소외되지 않는 수업, 모두가 참여하는 수업과 학급을 위해 어떻게 노력하고 있는지 알고 있습니다.

세 분의 선생님들은 입을 모아 모두 참여 수업의 비법은 '관심'이라고 말합니다. 관심을 두면 학생들의 행동에는 다 이유가 있다는 것을 알게 되고, 학생의 이유와 특성에 맞춰 학급과 수업에서 참여를 이끄는 방법을 고민하고 실행하게 됩니다. 그 관심은 한 명을 위한 일이 아니었다고 합니다. 시작은 수업에 참여하기 힘들어하는 학생을 위한 것이었으나, 이는 결국은 수업 환경의 변화와 모든 학생의 참여를 이끄는 촉매제가 되었다고 합니다. 책에 쓴 선생

모두 참여 수업

님들의 사례는 무릎을 '탁' 치게도 하고, 웃음을 짓게도, 울컥하게도 합니다.

또, 모두 참여 수업과 교실 환경은 '관계'가 중요하다고 말합니다. 특수교육대상 학생이 통합학급의 교과와 생활에서 참여가 늘수록 자존감과 소속감도 함께 늘어갑니다. 자존감과 소속감이 늘어갈수록 어려운 행동은 줄어듭니다. 학생과 학생, 교사와 학생, 교사와 학부모, 교사와 교사의 건강한 관계가 만들어지면 어려움을 겪는 학생들의 수업 참여를 이끄는 분위기를 만들 수 있습니다.

특수교사가 일반교사와 통합학급에서 함께하는 것은 용기가 필요한 일입니다. 특수학급을 넘어 통합학급으로, 통합학급의 수업으로, 생활 장면으로 함께 들어가는 것은 쉬운 일은 아니지만, 충분히 가치 있고 그 효과가 큰 일입니다. 일반교사든 특수교사든 혼자서는 찾을 수 없던 해결방법도 둘셋이 함께하면 실마리를 찾을 수 있기 때문입니다. 이 책에는 그런 생생한 사례가 많습니다. 이 책이 특수교사와 일반교사들이 함께 협력하고, 더 나아가 협력교수로 이어지는 데 많은 도움이 될 것입니다.

특수교육대상 학생에게 도움 되는 것이라면 다른 학생들에게도 도움이 될 수 있습니다. 이를 보여주는 세 분의 선생님의 이야기에서 팁들을 얻어가실 수 있었으면 좋겠습니다. 이 책이 작은 시

작이 되어 우리 학교와 교실 모두에 모두 참여 수업의 큰 파도가
일기를 기대합니다.

김민진(특수교사)
《특수교사 교육을 말하다》《해 보니까 되더라고요》 공저자

참여라는 마법

수업에 참여하고 있는 학생은 딴짓할 겨를이 없습니다. 딴짓을 하고 있는 아이는 그 수업에 참여하지 못하고 있는 경우가 많다는 이야기이기도 합니다. 학교에 적응하지 못하는 학생들을 위해서 정서 지원 프로그램이나 상담 프로그램을 운영하는 등 다양한 방법이 시도되고 있습니다. 하지만 우리는 가장 중요한 한 가지를 놓치고 있는 것은 아닌지 모릅니다. 이 책의 기획은 여기서 시작되었습니다.

학교에서의 대부분 시간은 수업 시간으로 채워져 있는데 수업 참여가 이루어지지 않는다면, 영양실조에 걸린 사람이 식사는 하지 않고 간식만 먹는 격일 것입니다. 아무리 배불리 먹어도 간식만으로는 건강한 몸을 유지할 수 없듯이 학생들의 건강한 학교생활을 위해서는 수업 참여에 대한 고민이 필요합니다. 아이들은 수업 참여를 통해 유능감과 소속감을 느낍니다.

'아이들은 할 수 있으면 잘한다(Kids Do Well If They Can)'라는 로즈 그린 박사의 말처럼 수업 참여가 어려운 학생들은 하기 싫어서가 아니라 지적, 정서적인 어려움으로 할 수 없어서 또는 하는 법을 몰라서 참여하지 못하는 것일 수 있습니다.

많은 교사가 학생들의 수업 참여에 대해 깊이 고민하고 연구합니다. 하지만 학생들의 수준은 다양해서, 그 학생들 모두에게 의미 있는 수업이 되도록 만드는 것은 쉽지 않습니다. 특히 많은 실패를 경험하여 무기력해진 학생들, 수업과 학습에 열의가 없는 학생들, 수업 참여를 거부하는 학생들을 수업에 참여시키기란 쉬운 일이 아닙니다. 그렇다고 아예 답이 없는 것은 아닙니다. 그래서 중학교에서 (특수교육대상 학생을 포함한) 학생 모두의 참여가 만들어지는 수업은 어떻게 가능한지 이야기를 나눠보고 싶었습니다.

교사들은 머릿속에 완벽한 수업과 참여를 그려놓고 있어서 그 수준에 도달하지 못하는 학생들의 노력이 눈에 보이지 않는 것일 수도 있습니다. 그렇다면 먼저, 학생들이 다양하다는 것을 있는 그대로 인정해 보면 어떨까요? 어떤 학생은 집중이 어렵고, 어떤 학생은 이해가 어렵고, 어떤 학생은 무기력하다는 것을 인정하는 것부터 시작하면 좀 더 쉽게 길을 찾을 수 있을 것입니다. 지금보다 '조금 더' 참여를 목표로 한다면, 모든 학생이 수업에 참여할 수 있는 방법들을 모색할 수 있을 것입니다. 결석하는 것보다는 지각을 하더라도 수업 시간에 들어오는 것이 조금 더 나은 참여일 수 있습니다. 체육 시간에 가만히 앉아있는 것보다는 친구들을 응원하는 것이 조금 더 적극적인 참여일 수 있습니다. 수업 시간에 자는 것보다는 교과서라도 펴고, 잠깐이라도 교사의 질문에 답할 마음이 생긴다면 참여로 조금 더 나아가는 한걸음이 될 수 있지 않을까요?

누구나 잘하고 싶은 마음은 있습니다. 중요한 것은 학생들이 수업에 잘 참여할 수 있도록 참여의 징검다리를 놓는 것입니다. 어떻게 참여의 징검다리를 놓을 수 있을까요? 이 책에는 중학교 선생님들이 학생들의 다양한 수준에 맞게 참여의 징검다리를 놓아가는 이야기가 담겨 있습니다. 공부가 어려워서, 마음이 심란해서, 세상만사가 귀찮아서 점점 수업 참여와 멀어져가는 학생들을 다시 학교로, 교실로, 수업 시간으로 불러드리는 선생님들의 이야기와 선생님들이 놓은 징검다리를 밟고 한걸음 내딛으며 수업의 재미를 느껴가는 학생들의 이야기가 담겨 있습니다.

이 책을 읽다 보면 '참여'라는 '마법'을 느낄 수 있을 것입니다.

무기력하던 아이들이 생기를 찾아가고, 수업과 학습에 흥미를 느끼지 못하던 아이들이 수업 참여를 통해 변해가는 모습을 볼 수 있습니다. 수업 참여가 어려운 친구와 함께하기 위해 아이디어를 모으고 실행하면서 성장하는 학생들의 모습도 볼 수 있습니다. 못 할 거라고 안 할 거라고 생각하지 않고 할 수 있는 만큼이라도 참여할 수 있도록 기회를 주고, 조급해 하지 않으면서 기다려 주고, 언젠가는 해낼 거라는 믿음으로 기대하며 참여의 마법을 만들어 가는 선생님들을 만날 수 있습니다.

저는 책에서 모두 '참여' 수업을 만드는 세 가지 '기'를 찾았습니다. 기회주기, 기다리기, 기대하기.

이 책을 읽는 선생님들의 교실에도 '참여의 마법'이 널리 퍼지기를 소망합니다.

이종필(특수교사)
《즐거운 학교 생활을 위한 사회 상황 이야기 그림책》
《초등 입학 준비를 위한 사회 상황 이야기 그림책》 저자
《교사 통합교육을 말하다》《특수교사 교육을 말하다》 공저자

1부 음악, 언제나 어디에나

2부 과학, 함께 한 걸음 전진

3부 영어, 누구나 잘하고 싶어 한다

일러두기

· 본문에 등장하는 인물에는 가명을 썼습니다.
· '도움반' 등 특수학급을 일컫는 명칭은 '통합교육을 실시하기 위해' 설치한 취지에 맞춰 '통합지원반'으로 주로 표기하였습니다.

1부

음악,
언제나 어디에나

손윤선

2017년부터 중학교에서 음악교사로 아이들과 만나고 있습니다. 아이들이 음악으로 세상을 더 아름답게 마주할 수 있게 안내하고 있습니다. 음악적 지식을 배우는 수업을 넘어, 삶 속에서 음악을 자연스레 받아들이고 본인의 마음과 생각을 다양하게 표현할 수 있는 수업을 만들기 위해 노력하고 있습니다.

너의
이름은

"파전"

"그럼, 저는 파전에 막걸리"

"민트초코 아이스크림"

"헤이즈의 비도 오고 그래서"

"시험지"

"잠자기"

아이들은 모습도 참 다양하지만 생각하는 것도 참으로 다양하
다. '비가 오면 생각 나는 것'도 그렇다. '비가 오면 생각나는 음악'
으로 질문했는데, 시작하기도 전에 아이들의 눈에 동공 지진이 일
어나는 것을 보고 '비가 오면 생각나는 아무거나'로 질문을 바꿨

다. 누군가 파전을 외치자 중학생 미성년자임에도 파전에 막걸리라고 받아치는 귀여운 대답도 나오고, 비 내리듯 채점되는 본인 시험지를 표현하기도 한다. 생각지도 못한 답에 당황할 때도 있지만 아이들의 창의성과 기발함에 놀랄 때가 더 많다.

사실 이 질문은 나름의 재미를 가미한 나의 출석 확인 방법이다. 선생님들은 다 공감하겠지만 이름을 외우려고 하지 않아도 눈에 띄어 저절로 외워지는 아이가 있는 반면 어떻게 해도 안 외워지는 아이가 있다. 음악 수업은 보통 주 1~2시간으로 편성되어 있고 대여섯 반 이상을 가르치다 보니 이름을 헷갈리기 쉽다. 1년 내내 출석부 보며 이름 불러보니 연말쯤 되면 99%는 다 외워진다. 교사 1년차 때는 연말이 되어서도 수업을 시작하기 전에 늘 이름 부르기를 했었다. 담임을 맡은 반 말고도 수업에 들어가는 다른 반 아이의 얼굴과 이름을 매치해서 복도에서 마주치면 이름을 부르며 인사해주고 싶었다. 그래서 출석 확인하며 아이들과 소통하는 접점을 늘리고 싶었다. 1년을 해보니 이름이 잘 외워질 뿐만 아니라 누군가 자신의 이름을 불러주는 일이 소소하지만 기분 좋은 일이지 않을까 하며 내심 마음이 따뜻해졌다. 학생의 이름에 성을 붙여서 부르면 학생들은 보통 '네'라고 하거나 손만 든다. 그러면 '음악실에 저 있어요'처럼 그저 존재하는지만 확인하는 것 같아 딱딱

한 분위기가 났다. 이런 분위기를 부드럽게 만들고자 고안한 방법이 바로 출석 확인을 겸해 질문하고 대답을 듣는 '질문 타임'이었다. 그렇게 학생들 이름을 외우려고 시작했던 것이 어느덧 질문 타임으로 변화했다.

주제를 미리 말해주고 출석번호 순서대로 성을 떼고 '성국이~' '용하는~?' 나긋하게 이름을 불러주며 물었다. 예전에는 교사와 학생 사이에 일대일로 출석을 확인하는 것이었다면 이때부터는 같은 시간 같은 장소에 함께 있는 우리(교사와 학생들)가 릴레이 소통을 벌이는 것이었다. 출석 확인이니 내가 아이들을 대상으로 질문했었는데, 어느 날 마지막 사람까지 대답이 나오자 누군가 내게 질문을 던졌다.

"근데 선생님은 무슨 색깔 좋아하세요?"

"나?!"

"네, 매일 저희만 답하는데 선생님 답도 궁금해서요"

"나는 분홍색!"

나에게도 물어봐 준 게 고맙기도 하면서 생각해 보니 나도 묻지만 말고 같이 말해야 진정한 릴레이 소통이 될 수 있겠구나 하고 깨달았다. 말로만 들었던 '모델링'이 바로 이것이구나, 피부로 와닿는 순간이었다. 질문 타임이 정착될 즈음 한 발 더 나아가, 질문에 대한 답에 아이들 각자의 감정과 생각을 좀 더 다양하고 풍성하게 펼쳐졌으면 싶었다. 그렇게 방향을 잡았다. 색깔을 묻는 질문이라도 아이들의 답을 듣기 전에 검은색, 빨간색, 초록색 같이 원초적인 색도 있지만 창문에 비친 그림자 색, 커텐 그라데이션 색 등 조금 더 쉽게 접근할 수 있도록 예시를 들어 유도했다. 이 작은 변화는 그동안 대답하기 싫어하거나 어려워하는 아이들도 서서히 답을 하는 긍정적 결과로 이어졌다. 게다가 그간 짧고 비슷했던 아이들의 대답이 훨씬 다채로워졌다. 말 한두 마디로 아이들을 긍정적 방향으로 유도할 수 있다니…. 교사의 자그마한 방향 설정이나 전환만으로도 학생들의 생각, 반응, 태도의 극적인 변화를 이끌어낼 수 있다는 걸 다시금 깨닫게 되었다.

질문 타임의 주제는 주로 대답하기 쉬운 일상에 관련된 것으로 잡는다. 이를테면 오늘 아침은 먹고 왔는지, 무엇을 먹었는지, 어떤 색깔을 좋아하는지, 집에서 뭘 하며 쉬는지, 자신이 좋아하거나 싫어하는 사람 유형 등 상담지에 나올 것 같은 질문이다. 일상과 관련한 질문을 해서 그런지 아이들은 본인이 답하거나 상대방이 답할 때마다 흥미로워 한다. 미니멀한 집단상담 느낌도 난다. 질문은 대부분 내가 정하지만, 가끔 아이들도 질문 주제를 제안한다.

"선생님, 오늘은 학원 몇 개 다니는지 물어봐요"

"저 오늘 마카롱 먹을 건데, 좋아하는 디저트 질문하면 안 돼요?"

"학교에 바라는 점 말해요"

"어제 저녁에 뭐 먹었는지 궁금해요"

"쌤! 오늘은 질문 두 개 해요"

아이들이 자신이 답하고 싶고, 친구들에게 듣고 싶은 질문을 먼저 알려주면 나는 더 신난다. 아이들이 뭔가 하고 싶은 말이 있어 보여 기대가 된다. 내가 생각하지 못했던 질문이기도 하고, 가끔 머릿속에 질문 고갈 현상이 나타나기도 해서 그런 호의가 반갑기도 하다. 그런데 시간이 흐를수록 다른 고민이 생겼다. 여전히 대답을 듣기 어려운 아이들이 있어서다. 내 나름 아이들의 자유 의사를 존중해서 대답하기 싫은 사람은 패스를 할 수 있게 했는데, 23명 중 12명이 패스를 외친 적이 있었다. 대답하기 어려운가 싶어 모두가 대답할 수 있는 질문을 계속 연구했다. 좋아하는 색깔, 필기도구 등 쉬운 질문을 던져도 여전히 패스를 외치는 아이들은 도무지 이해가 안 되었다. 이런 질문을 하는 것이 그저 나만의 만족인가 싶은 회의까지 들었다. 그러다 어느 날 문득 깨달았다. 질문 타임에 모두가 재미있어 하고 참여하는 것은 나의 욕심이었다. 질문이 쉽고 어렵고는 내가 결정하는 것이 아니라 각자가 받아들이기 나름이었다. 사람마다 말하기 싫은 부분이 있을 수 있다는 것을 간과했고 모두가 예(대답)라고 할 때 아니오(패스) 할 수 있는 용기를 높이 보지 못했다. 미움 받을 용기가 있듯이 나에겐 패스 받을 용기가 필요했다.

'패스' 제도를 도입할 때였다. 처음 출석부 질문 타임을 했을 때는 나름 쉬운 질문을 던졌는데 계속 입을 안 떼는 학생이 있었다. 나도 오기가 생겨 나름 장난기를 담아 말을 안 하면 다음 번호로 넘어갈 수 없고 45분 동안 가만히 있어야 한다며 부드러운 으름장을 놓았다. 이렇게 하면 학생이 못 이기는 척 말을 꺼낼 줄 알았다. 하지만 그 학생은 3분이라는 시간을 정말로 가만히 있었다. 짧다고 생각할 수도 있지만 정적 속의 3분은 어마어마한 시간이었다. 주변 아이들이 빨리 말하라고 슬슬 짜증을 내기도 했다. 분위기가 안 좋아질까봐 다음엔 꼭 말해 달라며 다음 아이에게 질문을 넘겼다. 꽤 당혹스런 경험이었다. 수업이 끝나고 그 반 담임 선생님을 찾아갔다. 음악 시간 상황을 말씀드리자, 담임 선생님은 입을 안 뗀 그 학생이 새로운 환경에서 말하는 것을 어려워하고 적응이 되어야 말을 한다고 조심스레 말씀해 주셨다. 이럴 수가, 학생에게 너무 미안해서 집에 가서도 내내 생각이 났다. 내딴에는 부드럽고 장난기를 담은 으름장이라고 생각했지만 그 학생에게는 불안, 초조, 공포 등 여러 감정이 밀려드는 폭력적인 상황과 느낌이었을지도 모를 일이었다. 이 일을 계기로 '패스' 제도를 도입했다. 아이들에게 대답하기 싫거나 어려우면 '패스'를 외쳐도 되고, 그마저 하기 싫으면 종이에 쓰거나 손가락으로 신호를 보내도 된다고 했다. 그러자 아이들은 종이에 답을 쓰기도 하고 손가락으로 엑스 표시, 세모 표시, 하트 표시 등 귀여운 신호를 보내 주었다. 내가 으름장을 냈던 학생도 두 달이 지나자 입을 열어 주었다. 그날도 당연히 다른 신호를 줄 줄 알았는데 먹고 싶은 음식에 치킨이라고 답해 주었다. 그동안 그 학생에게 미안함이 무척 크고 고마워서 그날은 마음 같아선 치킨을 백 마리는 사주고 싶었다.

이처럼 정말 별것 아닌 것 같은 질문 타임에도 참 여러 가지 고뇌가 있었다. 1년 내내 질문 타임을 진행한 적도 있지만 최근에는 아이들의 흥미가 떨어진 것 같아 (한편으론 수업 진도 나가기도 급급해서) 중단 선언을 한 적도 있다. 내 일방적인 중단 선언에 소수의 아이들은 아쉬워 하는 분위기였지만 다수의 아이들은 태연한 느낌이었다. 그래서 더 내 아쉬움을 표현할 수 없었다. 질문 타임에 대한 아쉬움도 정신없이 흘러가는 2학기라 점점 잊혀졌다. 그런데 그 마음이 완전히 사라지기 전에 다시금 질문 타임을 새로이 고민하게 된 계기가 있었다.

연말에 음악 수업 마무리를 겸해 한 해를 돌아보는 설문조사를 했다. 설문 마지막 문항으로 음악 선생님에게 하고 싶거나 부탁하고 싶은 말을 적는 칸이 있었다. 보통은 1년 동안 감사했다든지 사랑한다든지 어떤 수업이 재밌었다든지 맛있는 것을 사달라든지 기분 좋고 엉뚱한 답들이 나온다. 그런데 그해 설문에서는 많은 아이들이 즐거웠던 질문 타임이 갑자기 중단돼서 아쉽다는 의견을 남겼다. 학교에 와서 유일하게 누군가와 얘기할 수 있는 시간이라 기대됐었다라는 말도 꽤 있었다. 의외의 이유라서 놀랍고 충격이었다. 아이들의 글로 건조했던 내 마음에 따뜻한 분무가 가득해졌다. 마음 속에 감동과 보람이 묵직하게 밀려왔다. '교사하길 잘했다'는 생각도 들었다. 학생들이 질의응답하는 단 5분만이라도 마음을 기댈 수 있는 음악 시간이라면, 그거면 됐다는 안도감도 느꼈다. 수업이 재밌는 것도 중요하지만 마음을 열 수 있는 수업이 더 중요하다고 생각해 왔기에, 그래도 많은 아이들의 마음을 두드렸구나 하는 생각에 한없이 기뻤다.

질문 타임을 하면서 학생들의 새로운 모습도 많이 발견했다. 평소 수업 시간에 늘 적극적으로 임했던 학생이 오히려 대답을 잘못하는 경우도 있었고, 산만하거나 수업 관련 대답은 거의 하지 않은 학생이 단답형이 아닌 이야기 형식으로 재밌게 풀어 얘기하기도 했다. 특수교육대상 학생도 한 번에 바로 대답은 못 해도 반복적으로 질문을 해서 대답을 들을 수 있었다. 사실 특수교육대상 학생의 이름을 부르며 질문을 할 때는 대답을 해줄지 기대반 걱정반이었다.

"영호야, 주말에 뭐 했어?"

"…"

"영호야, 선생님 얘기 들어주세요. 주말에 뭐 했지?"

"…"

"영호야 주말에 뭐 했는지 얘기해 볼까?"

"밥 먹고 엄마랑 산책하고 저녁 먹었어요. 맛있었어요"

반복적으로 물어보자 영호는 꽤 구체적으로 얘기해 주어서 놀랐다. 영호는 어쩌면 음악 시간에 제일 길게 소통해 본 것일 수도 있는 것 같아서 그간 소통할 기회가 부족하거나 어려움이 많았던 학생들과 어떻게 함께할 수 있는지에 대해 깊은 울림도 있었다. 수업 내용을 이해하지 못하더라도 질문을 하면 대답을 해줄 수 있는데 나 혼자 되레 걱정을 했었다. 영호의 말을 듣기 어려웠던 반 학생들도 이제 모두가 영호의 대답을 기대하게 되었다. 질문 타임에서 길게 얘기해 주는 TOP3에 영호가 있기에 어떤 대답을 할지 나도 기대되었다. 질문 타임에서는 대답을 길게 한다고 꼭 좋은 것은 아니지만, 자기 이야기를 솔직하게 풀어낼 수 있는 것 자체가 매우 큰 장점이라 생각한다.

수업 시간에 참여를 못 한다고, 혹은 안 한다고 생각이 드는 학생들이 몇몇 있다. 그런데 그 기준은 누가 세웠을까? 바로 교사인 나일 가능성이 높다. 어쩌면 '원래 조용한 애니까' '산만하니까' 등 색안경을 끼고 바라봤을 수 있다. 수업 시간에 교육과정과 관련한 내용을 배우는 것도 정말 중요하지만, 질문 타임 하는 30초, 아니 딱 10초만이라도 어떻게든 참여할 수 있다면 학생의 수업 참여는 1분이 되고, 또 1분이 30분이 되는 기적이 일어날 수도 있다. 수업 참여의 시작은 학습자가 수업에 참여하고 소통하며 배우겠다는 최소한의 열린 마음이지 않을까? 학생 입장에서 자신이 지금 이 수업에 온전하게 함께하고 있는 구성원이라는 생각이 들게 해주는 것도 교사의 역할이라고 생각한다. 수업에 자신의 말 한 마디, 생각 한 토막 보탤 수 있다면 수업과 학습의 주인공이 되지 않을까?

할 수
있는 것

"경석아, 5교시 시작했는데 왜 아직 여기 있어?"

"농구가 좋아서요"

"농구가 좋은 건 알겠는데 지금 5교시는 체육도, 스포츠도 아닌 다른 수업이잖아"

"네, 아는데요"

"그럼 왜 안 들어가?"

경석이는 ADHD가 있는 학생이다. 나는 공강 시간이라 교무실에 있었는데 같은 수업을 듣는 학생이 날 찾아왔다. 꿀맛 같은 공강 시간이라 이제 좀 쉬려고 했는데, 5교시 담당 선생님은 담임인 나에게 경석이를 찾아 수업에 보내 달라고 다른 학생을 통해 SOS

모두 참여 수업

를 외치신 것이다. 그나마 담임 선생님 말은 잘 듣는 거 같다나 뭐라나? 사실 속으로 '또, 경석이야?!' 생각이 바로 들었다. 교과 선생님에 대한 원망도 조금은 있었다.

"저는 5교시 들어가고 싶지 않아서 농구하고 있는 건데. 그냥 벌점 주세요"

이런 말을 들으니 속이 부글부글 끓어 올랐다. 뭐라 답할까, 그 짧은 순간에 엄청 고민을 했다. 왜 수업에 들어가야 하는지 타이르며 설득할 것인지, 그냥 벌점 달라는 예의 없는 말부터 호되게 혼낼 것인지 기로에 섰다. 결국 둘 다 하지 않았다.

"딱 10번만 연속 골 넣고 들어가는 거야. 실력 좀 보자"

"저 잘해요"

"그래? 기대해야겠네. 근데 경석아 실수하면 진짜 망신이다. 알지?"

경석이는 당연히 10번 연속으로 골을 넣지 못하고 중간중간 실수를 했다. 실수가 나오면 본인도 멋쩍었는지 웃으면서 자신이 원래는 더 잘한다고 으스댔다. 그렇게 한참 동안 링에 고도로 집중하더니 진짜 10번 골을 넣었다. 그러곤 쿨하게 바로 5교시 수업에 들어갔다.

담임 2년 차에 ADHD가 있는 학생을 처음 맡은 나는 어려움이 꽤 많았다. 키도 덩치도 나보다 큰 남자 학생이라 어딘가 무섭기도 했다. '나를 때리면 어떡하지' '갑자기 대들면서 다가오면 어떡하지' 이런 두려운 생각도 많이 했다. 한번은 청소 당번인 경석이가 청소를 안 하고 도망가려고 해서 붙잡았더니 내 손을 뿌리치고 달려 나간 적도 있었다. 수업 시간에 보건실에 가겠다고 복도를 배회하는 것은 기본이고 교실 뒤에서 농구공을 계속 튀기기도 했다. 경석이는 본인이 얘기하고 시끄럽게 하는 것은 괜찮은 반면 남이 그렇게 하면 못 견뎌 하며 친구들을 때릴 듯이 행동하는 내로남불의 끝판왕이었다. 심지어 영어 시간에 단어를 따라 말하는 활동 중이었는데 바로 앞에 앉은 특수교육대상 학생이 시끄럽게 따라 말한다고 뒤에서 지우개를 던진 적도 있었다. 그 특수교육대상 학생은 수업 시간 내내 엎드려 펑펑 울었다. 담임으로 특수교육대상 학생도 처음 맡았고, ADHD 학생도 처음 맡았던 나는 그 상황을 듣고 말 그대로 멘붕이 오는 듯했다. 또, 특수교육대상 학생에게 폭력을 행하면 더 큰 처벌로 이어질 수 있음을 그때 처음 알았다. 특수 선생님과 담임인 내가 한 명씩 따로 불러 조사도 하고 부모님께 연락도 드리고 사과도 받으면서 다행히 이 일은 일단락되었다.

ADHD가 있는 학생을 처음 맡는 거라 어떻게 대하는 게 현명한지 알아야 했다. 인터넷에서도 찾아보고 주변 선생님들께도 자문을 많이 구했다. 인터넷에는 정보들이 너무 많은 반면 정보의 진위를 판단하기도 어렵고 신뢰하기도 힘들었다. 주변 선생님들은 다른 선생님들도 어려워하는 부분이라며 고생한다고 격려하시거나, 본인이 힘드셨던 일들을 얘기하시며 방법이 없다고 마음을 비우라고 하셨다. 조언을 듣고 싶었으나 그리 수확은 없었다. 그래서 현실적인 나만의 방법을 만들어야 했다. 우선 나는 학생이 흥분할 때 같이 흥분하지 말고 그때마다 마음을 진짜 비워보자 다짐을 했다. 다짐은 이렇게 했으나 현실에서는 몇 번이고 나를 흔들리게 했다. 경석이는 음악 수업 중 갑자기 일어나서 돌아다니거나, 앉아 있는 아이들에게 괜시리 시비를 걸거나, 복도를 가다가 다른 아이들에게 욕을 하기도 했다. 그때마다 방과 후에 남겨서 대화를 시도했다. '마음을 비우자! 흥분하지 말자!' 마음 속으로 주문을 건 다음 왜 그런 행동을 했는지 물었다.

"경석아, 왜 그랬는지 얘기해줄 수 있어? 선생님은 경석이 얘기를 듣고 싶어"

"…"

"선생님한테 말하기 싫어?"

"……"

"그럼 경석이가 말할 때까지 기다릴게"

그럼에도 경석이는 좀처럼 입을 열지 않았다. 그렇게 하염없이 40분이 흘렀다. 나의 주문도 서서히 약발이 떨어져서 다시 마음을 다잡고 경석이한테 선택하게 했다.

"경석아, 네가 말하기 싫은 거 같은데 그럼 손가락으로 표시해 보자. 손가락 하나는 '나도 왜 그랬는지 모른다', 손가락 2개는 '그냥 심심해서 그랬다', 손가락 3개는 '나를 왜 방과 후에 남겼는지 화가 난다' 손가락으로 표시해 볼래?"

경석이는 손가락 하나를 들었다. 그때 뒤통수를 맞은 거 같았다. ADHD는 신경·정신적인 어려움이라는 것을 나조차도 간과하고 있었던 것이다. 자기도 왜 그런 행동을 했는지 모르고 자제가 안 되는데 자꾸 왜 그랬는지 물었을 상대방에게 할 말이 없는 것이었다. 나는 질병이 있는 아이를 그동안 다른 일반 아이들과 똑같은 기준을 세워서 바라보았던 것이다. 경석이에게 맞는 기준과 대안이 필요했다.

경석이에게 적합한 참여의 방법을 적극적으로 찾아보기로 했다. 문제가 발생한 후보다 사전에 막거나 줄이는 방향이 맞아 보였다. 수업의 흐름을 끊는 행동을 제지하거나 뭐라 하기보다는 다른 역할을 제시했다. 수업 시간에 갑자기 일어나서 돌아다니는 행동을 애초에 막을 수 없다면 수업 중간 확인자 역할로 바꿔 주는 것이 나왔다. 일어나고 싶을 때는 일어나서 다른 친구들이 수업에 잘 집중하고 있는지, 활동지를 잘 작성하고 있는지 확인해달라 했다. 처음에는 다른 친구들에게 사소한 시비도 걸었지만 차츰 수업에 참여하고 도와주는 큰 역할로 변화했다. 음악 활동지가 양면이어야 하는데 단면을 받은 학생이 부끄러워서 말을 못하고 있으면 경석이가 대신 받아오고, 특수교육대상 학생이 수업에 잘 따라오지 못해 다른 칸을 채우고 있거나 그림을 그리고 있으면 어디를 해야 하는지 옆에서 짚어주기도 했다. 경석이는 은연중에 특수교육대상 학생이 자기보다 모를 거라고 생각해서 '그것도 모르냐'는 식으로 깔보듯 툭툭 알려준 적도 있었는데 이를 확 바꾼 상황도 있었다. 특수교육대상 학생이 수업 내용에 맞게 활동지 칸을 천천히 채우고 있었는데 경석이가 잘못 알고 그 부분 하는 거 아니라고 이전처럼 깔보듯 얘기하다 특수교육대상 학생이 정확히 짚어주자 갑자기 말을 잃고, 힘없이 자리로 돌아간 것이다. 그때 이후로 경석이는 깔보듯 알려주지 않고 평소보다 10%는 더 친절하게 다가갔다. 중간 확인자 역할에 이어 경석이의 과잉행동을 해소하고자 수업 중간에 미니 스트레칭 시범 모델을 부탁했다. 45분 내내 쉴 틈 없이 수업하기보다는 중간에 스트레칭을 넣어 분위기를 환기하면 교사도 학생도 수업에 더 집중할 수 있겠다는 생각을 했다. 스트레칭은 3분 동안 음악을 틀고 경석이 마음대로 해보라 했다. 경석이가 정석대로 스트레칭을 하다가 약간 우스꽝스러운 스트레칭을 유도하면 25명 모두가 깔깔대며 따라 하다 힐끔힐끔 서로의 모습을 보며 웃었다. 수업 중 뇌와 몸의 긴장을 풀고 다시 주의를 환기하려던 스트레칭을 경석이가 웃음 스트레칭으로 이끌어줘서 너무 고마웠다.

수업을 하다 보면 처음 경석이의 모습처럼 흐름을 끊고 방해하는 유형이 ADHD 학생만 있는 것은 아니다. 중간에 잠을 청한다든지, 대답을 크게 하지만 반복해서 말한다든지, 교사의 질문이나 요청에 아무런 반응이 없다든지 하는 학생들이 있다. 그런 행동을 하면 타이르거나 쉬는 시간에 따로 불러서 혼내기도 했다. 생각해 보면 그간의 내 대응에는 흐름을 끊고 방해했던 행동에만 초점이 맞춰져 있었다. 그 아이가 그럴 수밖에 없는 이유가 있는지, 교사인 내가 해줄 수 있는게 있는지는 먼저 생각해 볼 우선순위에 있지 않았다. 그러나 잠시만 생각해 보면 누구에게든 어떤 일에는 그럴 상황이나 이유가 있을 것이었다. 학생들 행동의 뒷면에 숨어 있는 이유와 상황을 이해해야 교사가 할 일을 찾을 수 있을 터였다. 학생의 이야기를 들으려면 물어야 하고, 물으려면 먼저 관심을 갖고 충분히 관찰하는 것이 필요했다.

모두 참여 수업

모두가 참여하는 수업을 만들려면 수업에 잘 참여하는 학생들만 고려해 수업을 고민하고 준비하는 것으로는 부족했다. 수업을 방해하는 학생도 감정적으로는 미울 때가 있지만, 어떻게 하면 내 수업에 들어올 수 있을지 생각하는 시간이 꼭 필요했다. 수업 준비나 실제 수업하는 노력만큼이나 수업 방해자들에게도 참여할 수 있는 길이나 역할을 만들어 주려고 노력한다면 수업을 함께하는 모두에게 좋은 영향을 줄 수 있었다. 수업을 방해한다는 부정적 편견을 뒤집어 혹 수업 어딘가에 쓸모가 있지 않을까 하는 긍정적 방향으로 바꾸어 생각하는 것은 큰 도움이 되었다.

03

개별화는
처음이라

개별화: 학습자 개개인의 특성에 따라 적절한 수업방법을 적용하는 일
(서울대 교육연구소, 〈교육학용어사전〉, 하우(1995))

개별화 수업은 단어의 뜻에서도 드러나듯이 굉장히 이상적인 수업 모형이다. 임용고시를 준비할 때부터 교사가 된 지금까지 수없이 많이 들은 개념이자 말이다. 이 말은 '개개인의 특성을 반영하여 한 명도 빠짐없이 수업에 잘 참여할 수 있도록 안내해야 한다'고 내게 말하는 듯하다. 과연 내가 도달할 수 있는 것인지, 어떻게 가능한 것인지 모르겠다. 하지만 나는 내 수업이 학생 한 명 한 명 모두에게 가닿기를 원했다. 우리 교육 현실에서 수업은 대부분

교사 1명에 학생 20명 이상이 있는 교실에서 이뤄진다. 이런 상황에서 개별화는 어떻게 가능한 것인가? 과연 교사 1명이 너무나도 다른 20명 이상의 개개인의 배움을 반영하여 45분 안에 모두의 배움을 이끌어 낼 수 있을까? 참여를 끌어낼 수 있을까?

신규 교사로 폭풍 같은 1년이 지나자 하루살이에서 조금씩 벗어날 수 있었다. 일주일 살이, 2주일 살이로 변화하면서 나에게도 학생 개개인에 관한 욕심이 생겼다. 왠지 모두가 참여하고 배움이 일어나는 수업을 할 수 있을 것 같았다. 23명을 대상으로 교육과정을 보며 리코더 수업을 계획했다. 어떤 배움을 끌어낼지보다는 한 명 한 명에 어떻게 투자하면 가능할지에 초점을 맞춰 준비했다. 45분 수업 중 10분은 전체 수업, 30분은 개별 검사, 5분은 정리로 완벽한 도입-전개-정리를 설계하며 딱 들어맞는 개별화 수업을 꿈꿨다. 학생 한 명당 넉넉하게 1분씩 개별로 봐주고 마무리까지 하면 되었다. 이보다 훌륭한 개별화 수업은 없어 보였다. 실제 수업에서 예상치 못한 아이들의 상황을 마주하기 전까지는.

수업 계획에서는 아이들이 개별 검사할 때 그림같이 완벽하게 연습해 오면 나는 피드백 정도만 주면 된다 생각했는데 큰 오산이었다.

"선생님, 리코더에서 침 나와요. 닦을래요"

"저 뭐 해야 돼요?"

"저는 분명 파를 냈는데 왜 솔이 나와요?"

"너무 떨려요 30초만 이따 할래요"

위 상황들은 정말 상상도 못 했다. 심지어 23명중 10명을 봐주고 있을 때 수업 종이 쳤다.

"쌤, 종 쳤는데 교실로 돌아가요?"

"저는 뒷 번호인데 보고 가요?"

"쉬는 시간에 보나요? 저 놀아야 하는데"

나는 아무런 미사여구도 붙이지 못하고 허탈한 웃음을 내며 아이들에게 다음 시간에 보자고 교실로 돌아가라 했다. 학생 한 명에 넉넉하게 1분이면 될 거라 생각했던 나 자신이 어이가 없었다. 무엇보다 아이들 각자는 동일한 시간에 동일한 가르침으로 배움을 채울 수 있는 표준화된 존재가 아니었다. 지금도 생각하면 웃음이 난다. 수업을 계획할 때까지는 분명 개별화 방식을 고려하여 설계하면 학생들 누구나 쉽게 할 수 있겠다 생각했는데 실제 수업에 적용해보니 45분 안에서 이게 가능한지, 20명 넘는 학급에서 어떻게 개별화가 이루어질 수 있는지, 현실과 다른 이상적인 수업모형은 아닌지 자꾸 의문이 들었다. 솔직히 나도 사람인지라 개별화 수업이 구상대로 안 됐을 때는 '이렇게 못할 수가 있나?' '수업 태도가 안 좋은 건가?' 아이들 탓을 했다. 어쩌면 내 첫 개별화 수업이 망했다는 것을 인정하고 싶지 않은 마음이 컸을 것이다.

학생 개개인의 특성에 맞는 교육, 학생 개개인의 성장을 이끌 수 있는 교육 이전에 생각해 봐야 할 게 있었다. 학생들의 진짜 상태 혹은 수준을 파악했는지였다. 내가 바라보는 학생들의 수준이 아닌, 학생들이 수업을 바라보고 내 설명을 들을 때의 수준 말이다. 사실 나도 은연중 학생들을 음악 전공생인 것처럼 전제해 당연히 완벽하게 해낼 수 있을 거라 무의식적으로 생각했던 거 같다. 아이들이 수업 시간 외에 쉬는 시간이나 점심시간에 노는 걸 보며 아직 애긴 애구나 하며 느끼면서도 수업에서는 그림 같은 애어른을 원했다. 같은 음식을 먹어도 모두의 맛 표현이 다르듯, 개별화 수업을 구상했다고 해도 받아들이는 학생들의 배움의 길은 다 다르다. 아이들도 나도 모두가 이 수업은 처음이고 정확히는 개별화는 처음이었다. 초등학교 때 혹은 중학교 1학년 때 아무리 개별화 수업을 했다 해도 해당 년도에 음악 수업에서 나와 함께하는 개별화는 처음일 것이다. 교사인 나도 처음 시도해 보면서 베테랑인척하지 않고 시행착오를 받아들이며 계속 수정해 나가는 패기, 용기가 필요했다.

45분 수업 속에서 어떻게 개별화 수업이 가능하냐는 내적 질문에 어느 순간 답이 나왔다. 한 학급당 음악 수업이 딱 한 번 있고 끝이 아닌데, 제한 시간이 있는 방탈출마냥 왜 꼭 45분 안에만 끝내려고 아등바등했는지 생각이 들며 마음에 평온이 왔다. 수업 설계를 아이들이 출석번호 순으로 혹은 연습을 다 한 사람이 나와서 개별 검사를 받게 하지 않고, 교사인 내가 연습 단계부터 돌아다니면서 봐주는 것으로 대폭 수정했다. 내가 연습부터 돌아다니면서 한 명 한 명씩 봐주자 리코더에 능숙한 아이들은 리코더가 어려운 친구들을 자발적으로 돕기 시작했다. 상냥하게 알려주는 아이들도 있었지만, 이걸 왜 못하냐며 나무라기도 하고, 또 츤데레(쌀쌀맞고 인정이 없어 보이나, 실제로는 따뜻하고 다정한 사람을 이르는 속어)처럼 병주고 약주는 식으로 알려주는 아이들도 종종 있었다. 내가 돌아다니면서 한 명씩 봐줄 때는 한 명을 직접 상대하고 있기는 하지만 귀는 사방으로 열려있어 심한 말을 하거나 본인은 리코더 잘한다고 음악 수업과 상관없이 다른 장난을 치고 있으면 제지했다. 여기서 포인트는 제지하려는 아이의 눈을 마주치지 않으면서 말하는 것이었다. 연습 봐주고 있는 한 명을 상대하면서도 마치 뒤통수에도 눈이 달려있는 것처럼 아무렇지 않게 말하는 것이다.

"우혁아, 친구한테 그렇게 안 좋게 얘기하고 고무줄로 장난칠 거면 자리로 돌아가세요"

"헐 어떻게 아셨어요? 뒤로도 제가 보여요?"

"어. 다 보여. 너무 잘 보여. 고무줄로 총 만들어서 친구들에게 쏘는 것도 보여"

"와 대박. 선생님 거짓말 아니죠? 지금 제가 뭐하고 있게요"

"응 너는 지금 음악 수업과 관련 없는 것을 하고 있네. 자리로 돌아가"

"와?! 네"

'뭐하고 있게요'라는 질문에 춤추고 있다든지, 재밌는 표정을 짓는다든지 등 특정 행동을 얘기했다면 학생이 나에게 놀랐던 마음이 '에이 뭐야' 하며 크게 사그라질 수 있었다. 모호할 수 있지만 내가 전하고 싶은 메시지를 명확하게 전달한 답이라 학생은 더 놀랐다. 수업을 마칠 즈음에 아이들에게 선생님은 한 명 한 명 음악 능력을 키워주기 위해 돌아다니면서 봐 주고 있지만, 그렇다고 다른 학생들이 안 보이는 것이 아니니 지금처럼 열심히 참여하자고 정리했다. 중학생이 진짜로 선생님 뒤통수에도 눈이 있다고 믿진 않겠지만, 적어도 선생님이 교실 내에 일어나는 모든 일에 관심있어 하고 관찰하고 있다는 것을 느끼게 하면 그걸로 충분했다.

어릴 때부터 피아노, 바이올린 등을 배운 적이 있어 음악적 경험이 풍부한 아이들은 음악시간에 모두에게 적용되는 수행평가 곡은 금방 완성할 수 있다. 그렇다고 이 아이들이 매 시간 연습하고 남는 시간을 리코더를 어려워하는 친구들을 도와줄 수는 없는 노릇이다. 교사인 내가 한 명 한 명 봐 주는 것은 이제 한결 여유로워졌지만, 아이들 간 표현의 속도 차이는 미리 생각하지 못했던 부분이었다. 속도가 느린 학생은 계속 봐 주면 되지만, 빠른 학생이라고 그냥 놔둘 수는 없었다. 나 같아도 지금 당장 덧셈 문제를 풀라 하면 시시하듯 성취가 빠른 학생들도 이미 완벽하게 해낼 수 있는 곡을 계속 연습하는 것은 지루할 것이었다. 고민하는 대신 학생에게 묻는 게 낫겠다 싶어 속도가 빠른 학생에게 물어보니 자기는 좀 더 어려운 곡을 연습하고 싶다고 했다. 당연한 얘기일 수 있지만 개별화 수업을 하는 나에게는 꼭 필요한 말이었다. 수업을 구상할 때 난이도가 높은 곡으로 준비하면 잘하는 애들만 할 수 있으니 평균적인 수준의 곡만 준비했었는데, 아예 속도가 빠른 아이들에게는 더 할 수 있는 곡을 준비하면 되었다. 리코더 수업에서 모두가 같은 곡을 배우고 익히고 연주하는 것도 중요하지만, 개개인의 특성과 능력, 수준과 속도를 감안해 준비하는 것도 중요했다. 개별화는 배움이 느린 학생의 참여만 고려해야 하는 것이 아니라 배움이 빠른 학생들의 학습욕과 능력을 키우는 것도 함께 준비해야 하는 것이었다. 그래야 진짜 모두가 참여하는 수업에 다가가는 것이었다.

모두 참여 수업

교육 현장에서 교사 1명에 학생이 20명 이상 있는 교실에서 개별화는 어떻게 가능한가? 처음 가졌던 의문은 실제 수업을 해 보며 몇 가지를 수정하니 개별화에 가깝게 해결됐다. 교사 1명이 학생 한 명 한 명의 모든 배움을 처음부터 끝까지 책임질 수는 없더라도 최소의 배움 - 모든 학생이 배울 수 있는 영역 - 에서 학생 개개인이 할 수 있는 능력치 최대를 끌어낼 수 있게 도와주는 것은 가능했다. 리코더로 'Do you want to build a snowman?' 곡을 연주하는 것이 최소의 배움이라면, 속도는 다르되 각자 자기만의 소리로 연주할 수 있게 도와주거나, 같은 곡이지만 난이도를 다르게 제시하거나, 새로운 도전과제 곡을 준비하는 등 다양한 방법을 고안해 내면 되었다. 어떤 방법이 개별화에 제일 좋을지는 아무도 모른다. 교사도 학생 한 명 한 명에게 바라는 최소의 배움이 다를 것이고, 각자가 생각하는 개별화는 다 다를 것이기 때문이다. 무엇보다 교사의 상황과 교실 안 학생 개개인이 가진 특성과 역량이 다를 수 있기 때문이다. 그래도 학생 개개인이 갖고 있는 능력을 최대로 이끌어 내려 노력한다면 이런 수업이야말로 개별화 모형이지 않을까. 이러한 교사의 시도와 노력으로 조금은 개별화에 가까이 갈 수 있지 않을까.

04

수업의
기준점

"아웃사이더, 쌈디, 지코, 비와이, 빈지노. 이 다섯 명의 공통점은 무엇일까요?"

"래퍼요"

"너희도 이제 음악 시간에 래퍼가 될거야"

"네??? 왜요??"

언제부터인가 쇼미더머니, 중등래퍼, 고등래퍼 등 힙합과 관련한 프로그램들이 쏟아져 나왔다. 프로그램들은 다양했지만 공통점은 참가자들이 'Drop the beat'라는 말을 시작으로 자신의 이야기를 랩으로 신나게 풀어내는 것이었다. 학교에서 아이들도 재밌는 얘기나 웃긴 일이 생겼을 때 추임새처럼 'Drop the beat'를 따라 했다. 문득 우리 아이들도 마음에 담아둔 말, 누군가에게 외치고 싶은 것, 어떤 주제와 관련하여 드는 생각 등을 개성 있게 자신만의 색깔로 표현하면 어떨까 싶었다. 기대에 찬 나의 랩 수업은 그렇게 시작됐다.

음식, 사랑, 학교생활, 취미 등 아이들에게 연습용 주제를 정하게 했더니 의외로 모든 반이 음식을 택했다. 사실 모든 반이 음식만 선택하길래 애들이 쉬워 보이는 것으로만 고르는 거 같아 아쉬웠다. 그런데 모든 반을 수업해보니 아이들이 음식으로 주제를 정해준 게 너무 고마웠다. 우리가 살면서 음식을 최소 하루에 한 번은 마주하기 때문에 랩 수업에 관심 없어 보이거나 평소 음악수업에 잘 참여하지 못하는 아이들도 음식이라는 주제에 쉽게 다가올 수 있었다. 누구나 좋아하는 음식, 싫어하는 음식이 하나쯤은 있어서 - 좋아하는 음식은 없어도 싫어하는 음식은 분명 있다 - 여러 음표로 이루어진 리듬꼴에 말리듬으로 붙이기 수월했다. '치즈치즈치즈치즈 좋아좋아좋아좋아', '피이크을싫어싫어 주우지이마아요오' 이런 식으로 단순 반복해 만들거나 말을 길게 끌어서 표현하거나 다양하게 자기만의 2마디 랩이 나왔다. 각자 만든 2마디를 서로 보고 들으면서 자연스럽게 반응이 나오고 이야기도 늘었다. 민초단과 반민초단으로 나뉘어 찬반투표도 했다. 음악실에서 서로를 알아가는 말소리가 점점 늘며 수업에 활기가 느껴졌다.

"야, 너도 맵떡 좋아해?"

"응, 근데 너무 매운 건 싫어"

"맵찔이냐?"

"뭐래! 난 어묵도 싫어"

"헐~ 나도"

누가 들으면 음악과는 상관없는 대화로 여기겠지만, 음악 수업을 함께했던 나와 학생들한테는 상관있는 대화였다. 비록 연습용이지만 그 짧은 2마디를 가지고 아이들이 서로 소통하는 모습을 보며 많은 생각이 들었다. 그동안은 교사의 질문에 열심히 대답하거나, 개인활동이나 모둠활동을 안내했을 때 적극적으로 임하는 것처럼 늘 교사와 연결되어 있어야만 수업에 대한 참여라 여겼다. 그런데 수업에서 했던 주제로 아이들끼리 이야기 마인드맵이 만들어지는 것도 또 다른 참여로 느껴졌다. 교사와의 연결보다 학습 주제와 관련해 아이들 사이의 자연스런 상호작용이 훨씬 진한 참여 같았다. 내심 기뻤다.

랩 수업을 하니 오고가는 장난 속에 피어나는 싸움도 있었다. 주제와 상관없이 친구의 짝사랑 상대의 이름을 반복적으로 말하거나, 헤어진 연인과의 추억을 놀리기도 했다. 짓궂은 장난을 받은 아이들은 지지 않으려고 친구의 연애 이야기나 본인들만 알고 있었던 비밀로 고스란히 받아쳤다. 그렇게 오가는 서로의 마음을 긁는 말들은 기어이 이새끼 저새끼 소리로 터져 나왔다. 울그락불그락 표정에 분노가 더는 번지지 않도록 조치가 필요했다. 따로 불러서 소란의 자초지종을 들으려 해도 누가 먼저 시작했다느니, 그럼에도 정도가 심했다느니, 생활부로 가겠다느니 아이들의 흥분은 쉽사리 가라앉지 않았다. 한참 동안 서로를 진정시키고 감정을 식힌 후에 지도해야 했다. 처음엔 랩 수업을 하면서 아이들이 자꾸 흥분상태가 되는 거 같아 아이들의 자제력에 실망도 했다. 랩은 리듬을 쪼개서 빠르게 말하는데 그 속도 때문에 흥분을 하는 건지, 몸 안의 깊은 곳에 흥분이 숨어 있다가 랩을 통해 나온 건지 모르지만 아이들에게 문제가 있는 것으로 여겼다. 또다시 아이들끼리 말싸움으로 번지려는 아슬아슬한 상황이 나오자 나는 반복적으로 제지하는 것에 지쳐 랩 만들기 연습하는 내내 틀었던 비트를 껐다. 그러자 놀라운 일이 발생했다. 비트가 꺼지자 아이들의 흥분 상태가 확 가라앉고 차분해진 것이었다. 배경음이 조용해진 효과인지 아니면 우연인지 확인하기 위해 다른반에서는 수업 시작부터 비트를 껐다. 비트 배경음이 사라지자 아이들은 더 이상 서로 놀리거나 시비걸지 않았다. 그동안 신나는 비트에 몸과 마음이 흥분됐던 것이었다. 아이들의 자제력에 실망했던 내 자신이 민망해졌다. 흥분과 갈등 상황을 아이들 탓으로 돌리며 왜 그럴까 마음 속으로 타박했다니…. 나 같아도 수업 내내 쿵쿵거리는 비트가 나오면 저절로 몸이 들썩거리고 흥분도 될 것 같았다. 수업의 흐름을 끊는다고 생각했던 모든 요인이 아이들 때문이라고 생각했는데, 교사인 내가 어떤 환경을 만들어 주느냐에 따라 아이들의 집중력이나 장난기가 달라질 수 있다는 것을 절실히 깨달았다. 교실의 기후라고 할 수 있는 환경과 분위기의 힘을 실감한 순간이었다.

랩 창작을 모둠활동으로 계획하면서 아이들이 모둠활동에 갖고 있는 부정적인 걱정을 없앨 필요가 있었다. 나는 모둠활동인 듯 모둠활동 같지 않도록 설계했다. 모둠에서 처음부터 끝까지 같이 랩 창작하는 것이 아니라, 개별활동으로 모두가 4마디씩 만들어서 나에게 피드백을 받은 후 마지막에 모둠원들이 모여 각자 만든 마디들을 합쳐 어떤 리듬에 어떻게 불러야 할지 서로 의논하게 했다. 이렇게 진행하면 흔히 말하는 무임승차 없이 모두가 참여할 수 있고, 주제가 같기 때문에 개별로 랩을 만들고 나중에 모둠에서 합쳐도 흐름상 이어질 거라 생각했다.

주제를 음식으로 쭉 이어가는 모둠도 있었지만, 학교생활로 바꾼 모둠도 꽤 많았다. 아이들 입장에서 바라보는 학교생활은 어떤 모습으로 표현될지 기대되었다. 나는 긍정적인 이야기들만 가득할 것이라 기대했지만, 아이들이 만든 랩은 정반대였다. 학교 시설부터 시작해 급식, 체육관, 정수기, 시험 등 마치 억울함을 호소하려 신문고를 두드리는 듯 본인들의 불만을 일목요연하게 랩으로 풀어냈다. 평소 음악 수업에 적극적이고 늘 웃는 얼굴인 아이마저도 개별로 만든 4마디에 온통 학교 관련 불평불만이 있는 것을 보고 적잖이 당황했다. 흔히 말하는 꼰대처럼 나의 학창시절 학교보다 지금이 훨씬 좋은데 무슨 불만이 그렇게 많을까 생각도 들었다. '너희가 복에 겨웠지'라는 말이 목구멍까지 차올랐다가 다행히 내려갔다. 한편으론 의외라 신기했다. 진심으로 쓴 거냐고 아이들한테 되물어봐도 해맑게 더 쓸 수도 있다는 아이들을 보며 또 당황했다. 마지막 랩 발표회까지 계획한 나로서는 이런 부정적인 내용을 발표하면 서로 안 좋은 영향을 주지 않을까 걱정도 됐다.

퇴근하고 친구들을 만나서 이런 부분이 고민이라고 하니 '그러게 고민되겠다' '애들 신기하네' 식의 공감과 위로가 나올 줄 알았는데 생각을 확 바꿔준 대답이 나왔다.

"야~ 요즘 애들 똑똑하네~!"

"왜? 뭐가 똑똑해?"

"우리 때는 그런 생각 1도 못 했잖아"

순간 나의 고민은 깃털처럼 가볍게 날아갔다. 처음 랩 수업을 계획했을 때는 아이들이 자신의 생각과 마음을 랩으로 마음껏 표현하길 바랐다. 그런데, 잠시 그 마음을 잊고 있었던 것이다. 오로지 내가 꿈꿔온 그림 같은 모습으로 아이들이 표현해내길 바랐던 것이다. 표현의 자유와 도구를 주었으면 부정적인 내용이든, 긍정적인 내용이든 한 사람으로서 표현해내고 싶은 것을 오롯이 인정해줘야 하는데 '내 기준에 맞아야 돼'라는 내심의 잣대로 재단하고 있었던 것이다. 아이들의 반응에 당황하기도 하고, 은연중 긍정적인 방향이나 표현으로 바꾸는 건 어떤지 권유도 했었다. 교사인 내가 배움의 기준을 정할 수는 있어도, 아이들의 마음과 생각의 기준마저 내가 정하면 이렇게 수업 속에서 나 혼자 갈등하고 방황하고 충돌할 수밖에 없었다. 그래도 교실과 수업이라는 제약을 넘어 거침없이 자신을 드러내는 아이들의 랩을 들으며 이런 수업을 시도하길 잘했다는 생각이 들었다.

교사가 수업을 계획한다는 것은 도입-전개-정리나 진도를 생각하는 것도 있지만, 학생들의 나름의 반응도 포함하는 것이다. 그 반응은 어쨌든 학생의 기준보다는 교사의 기준으로 생각하는 것이 더 많다. 아이들에게 자유롭게 랩으로 표현해도 된다고 하면서도 반응과 표현의 울타리를 정해 조금이라도 벗어나면 아이들이 왜 그럴까 탓했다. 그런데 교사인 내가 정한 기준의 울타리를 치워봐야 진짜 아이들이 무엇을 표현하고 싶은지, 어떤 생각을 가지고 있는지, 마음 상태가 어떤지 제대로 볼 수 있었다. 우리는 모두 매 순간 성인군자가 아니어서 감정과 기분이 제멋대로일 때가 대부분이다. 누구나 그런 감정과 기분, 생각을 자유롭게 표현하되 삶의 방향과 태도를 함께 고민해 가는 것이 교육의 본질이 아닐까? 무엇보다 자신의 생각과 목소리를 표현하는 것이 참여의 본질이 아닐까?

정답은 아니지만
답이야

질문1. 아침에 먹으면 좋은 음식은?

1. 사과

2. 곱창

3. 떡볶이

4. 아이스크림

교육청으로 수업방법 관련해 연수 받으러 갔을 때 강의하시는 중학교 선생님께서 위 질문을 하셨다.

"정답은?"

"1번"

모두 참여 수업

처음에는 연수와 상관없이 흥미유발을 위한 가벼운 질문으로 생각했다. 질문은 이어졌다.

질문2. 아침에 먹으면 좋은 과일은?

1. 감

2. 레몬

3. 오렌지

4. 두리안

"답은?"

"2번?"

"3번?"

이번 질문의 보기에는 흔히 아침에 먹으면 좋다고 생각하는 사과가 없었다. 다들 사과가 보기에 없다며 의아해했다. 강의자는 질문2의 답은 하나가 아니고 4개 모두 다라고 하셨다. 그러면서 그 의미를 설명했다. 표준국어대사전에 의하면 '정답'은 '옳은 답'으로, '답'은 '부르는 말에 응하여 어떤 말을 함 또는 그 말'이라고 정의되어 있다고 알려주셨다. 그래서 1번부터 4번까지 모두가 답이 될 수 있고, 실제로 본인 수업 시간에도 아이들이 정답 아닌 다양한 말(답)을 하면 '오~ 그건 정답은 아니지만 답이야'라고 말해준다고 하셨다. 순간, 나는 무언가 옥죄고 있던 것에서 풀려난 듯 머릿속이 자유로워졌다. 아이들 모든 말이 답이 될 수 있다는 깨달음은 나에게 정말 큰 생각의 전환점이 되었다.

교사가 되기 전부터 끊임없이 들어왔던 말이 있다. 아이들의 창의성을 키워주려면 수렴적 사고보다 확산적 사고를 할 수 있게 질문을 많이 하라는 말이다. 그래서 나는 줄곧 수업 시간에 배운 내용을 퀴즈로 내거나, 출석번호를 무작위로 불러 답하게 하거나, 전체를 대상으로 질문을 하는 등 아이들에게 다양하게 질문하려 노력했다.

"작곡가 중에 고전시대 작곡가는?"

"바흐"

"앞 글자는 비슷해!"

"바비"

"힌트 더 줄게요. 세 글자"

"바세린"

"초성퀴즈 ㅂ ㅌ ㅂ. 이젠 알겠지?!"

"베토벤"

"정답!!!"

학생들이 고전시대 작곡가인 베토벤을 맞히게 하려고 나는 계속 힌트를 주며 정답을 향해 좁혀 왔다. 과연 학생들은 이 질문을 통해 획일되지 않은 넓은 사고를 가졌을까, 돌이켜 생각하니 의문이 들었다. 수업에서 배운 내용을 아이들이 정확히 아는 것도 중요하지만 아이들이 생각한 창의적인 것에 대해서는 내 피드백이 하나도 없었다. 누군가 바비와 바세린을 말했을 때 어떻게 그런 생각을 할 수 있냐며 기발하다, 웃기다 등 다양한 반응을 해줄 수 있었을 텐데 그저 내가 가르친 내용을 잘 이해했는지 확인하기 급급했다. 또한 무작위로 출석번호를 불러 정답을 말하게 할 때도 정답이 나올 때까지 출석번호 호출은 계속 이어졌다. 전체에게 질문을 할 때도 정답이든 아니든 누군가 용기내서 말한 것에 대해서도 정답이 아니라는 신호만 주고 정답을 말하는 학생이 나오길 기다렸다. 오로지 질문에 적확한 정답만을 찾고 있었던 것이다. 아이들마다의 반응이 다 답이 될 수 있음을 모른채로…. 정답을 찾아가는 여정에 누구나 실수와 시행착오를 거친다는 것을, 그 과정을 거친 후에야 진짜 답에 가까워진다는 것을 알고 있으면서도.

정답에 얽매이지 않고 모두가 자유롭게 말할 수 있는 질문을 연구해서 수업에 적용해 보기로 했다. 단순히 수업 내용을 맞히는 질문 대신 '오늘 우리가 무엇을 배운 거 같나요?' '혹시 수업 중에 재미있거나 어려웠던 부분이 있었나요?'와 같이 누구나 말할 수 있는 질문으로 바꿨다. 학생들이 자신의 마음을 솔직하게 표현하길 바랐다. 누구나 답할 수 있는 열린 질문이라 해도 처음부터 아이들이 쉽게 답하진 못했다. '모르겠어요' '없어요'와 같이 듣는 사람도 말문이 막히게 말하는 아이들이 많았다. 한편으론 충분히 그럴 수 있겠구나 이해도 됐다. 정답을 말해야 하는 분위기는 자유로운 생각과 표현을 어렵게 하니 여전히 답하는 데 부담을 느낄 법했다. 차츰 자신의 마음을 술술 잘 얘기하는 친구들이 늘며 점차 변화가 보였다. 솔직하고 자유롭게 답이 나오면서 서로 공감하는 분위기도 만들어졌다. 특히 자신이 어려웠던 부분을 얘기할 때 아이들은 서로를 보며 자기도 그렇다고 공감을 해주고 자기만 어려운게 아니었다며 위안을 받기도 했다. 질문을 조금 바꿨을 뿐인데 아이들의 말과 표현이 늘어나는 것을 보고 많은 생각이 들었다. 그동안 답이 아닌 정답만을 바라는 내 질문에 말을 꺼내기 어려웠을 것이다. 용기 내서 말했는데 정답이 아닌 틀린 느낌의 '땡'을 온전히 느끼기도 했을 것이다. 그런 아이들도 이제 수업과 관련하여 자신이 느낀 감정이나 생각을 서로 나누는 답이 이어지고, 그 말들이 서로를 향하는 대화가 되면서 수업의 질이 바뀌기도 했다. 나는 그 대화 속에서 수업의 난이도를 쉽게 파악하여 아이들이 어느 수준인지 알 수 있었고, 내가 수업으로 가르치려고 했던 배움이 아이들에게 어떻게 흡수되고 있는지 확인하기도 쉬웠다.

그러나 그림처럼 아름다운 수업만 있는 것은 아니었다. 질문에 대한 '답'이 아니거나, 수업을 해치거나 찬물을 끼얹는 심각한 '오답'이 나오기도 했다. 수업과 관련 없는 얘기를 하는 학생은 각 학급에 적어도 한 명 이상은 있었다. 종종 내 기준으로 수업이 아름답게 마무리 될려는 찰나에 엉뚱한 이야기나 답이 나오기도 했는데 솔직히 조금 화가 나기도 했다.

"오늘 아무것도 배운 게 없는 거 같아요"

"그래? 우쿨렐레로 동요 연주했잖아"

"재미없고 그냥 배운 게 없어요. 수업 망한 거 아니에요?"

이런 얘기는 내 마음을 진짜 망하게 했다. 원래도 말을 곱게 못하는 학생이었지만 마치 돌직구 마냥 날라오니 나도 사람인지라 순간 욱했다. 하지만 여기서 욱한 티를 낸다면 분명 그 학생에게 말릴 것을 알기에 속으로 참을 인 5번을 외치며 말을 이어갔다.

"오늘 배운 게 없다고 말하는 것도 너의 답이 되겠네. 말해줘서 고마워"

다행히 이 말과 동시에 종이 쳤고 수업이 마무리 됐다. 좋게 마무리 된 것처럼 보이겠지만 내 심정은 (겉바속촉의 표현을 빌려) 겉아속부였다. 겉으로는 아무렇지 않아 보여도 속으로는 부글부글!

수업을 마치고도 하루 종일 그 학생의 말이 머리를 떠나지 않았다. 나름 열심히 수업을 준비했고 아이들과 이야기를 나누려고 질문거리도 다양하게 준비해 갔었는데 22명이 내가 예상한 대로 잘해 줬지만, 그 한 명 때문에 내 멘탈은 쿠키처럼 바스슥 부스러졌다. 뭐가 문제였을까, 골똘히 생각하다 문득 그 말을 한 사람은 학생인데 왜 내 문제로만 돌리고 있을까 싶어 학생 입장에서 다시 생각해 봤다. 관심 끌고 싶어서든 진짜로 재미가 없어서든 학생이 그렇게 답한 이유가 분명 있을 것이었다. 다음 음악 수업 때 그 아이를 유심히 관찰했는데 주법이나 악기를 다루는 모습이 우쿨렐레를 배운 적이 있어 보였고 꽤 잘 치기도 해서 그 학생에게는 수업 시간에 하는 활동 수준이 시시해 보일 법했다.

"오~ 진호, 이 정도는 누워서 떡 먹기구나? 원래 좀 쳤어?"

"아~ 네. 뭐 그냥요…. 3년 전인가, 아 몰라요"

정답은 아니지만 답이 되었다. 수업에 관련 없고 방해가 되는 답에 마음이 상하기도 하고 한편으로는 무시하고 싶은 마음이 굴뚝 같았지만, 그 답에도 분명한 이유가 있었다. 심각한 '오답'을 표현하는 아이들을 관찰하고 이유를 찾아가는 과정과 결과 모두 충분히 의미있었다.

인생에 정답이 없듯 아이들의 답이 수업 시간과 관련한 내용인지 아닌지에 대해서도 정답은 없다. 그저 아이들은 교사의 요구, 질문과 말에 응하여 어떤 말을 했을 뿐이다. 학생들이 답하기 위해서는 여러 마음이 공존한다. 자신의 말이 꼭 정답일 거라는 자신감, 정답이 아니면 어떡하지 하는 불안함, 정답은 모르겠지만 일단 던져보는 용기, 질문을 들으니 생각나는 무언가를 바로 말할 수 있는 엉뚱함 등이 수업을 함께하는 사람들에게 어떤 방식으로든 표현되고 있다. 나는 그 마음들이 모두 가치있다고 생각한다. 그 가운데서 가장 큰 가치는 내면을 겉으로 드러내는 것이다. 자신이 여기 이 수업에 주인으로 참여하는 있다는 것을 교사가, 함께하는 친구들이, 그리고 스스로가 알도록 하는 것이기 때문이다. 표현이 서툰 것도 답이고 그냥 특별한 이유나 근거가 없는 것도 답이 된다. 정답이 아닌 답을 들을 수 있는 용기. 어쩌면 이것이 교사인 우리에게 제일 필요한 덕목이 아닐까 생각해 본다.

06

재밌을 거예요,
함께니까

"선생님들! 우리 융합수업 할래요?!"

"오~ 뭐로요?"

"뮤지컬이요"

"재밌을 거 같아요!"

"각 교과에서 연계할 수 있는 부분 얘기해 볼까요?"

"(국어) 저는 4단원에 시나리오 있어요"

"(가정) 그럼 나는 의복으로요"

"오케이 콜. 재밌을 거예요!"

새학기를 앞두고 수업 준비를 위해 카페에 모인 친한 선생님들
과 10분도 안 돼서 뮤지컬 융합수업이 결정되었다. 이것저것 다양

모두 참여 수업

한 수업을 해 보고 싶은 욕심과 이왕이면 친한 선생님들과 함께하면 더 재미있을 것 같아서 제안을 했는데, 감사하게도 함께 진행하기로 바로 결정됐다. 수업 준비를 위해 만난 거라 각자 교과서를 갖고 있어서 바로바로 각 교과에서 어떤 부분을 연계할지, 진도는 어떻게 맞출 것인지 등 이야기가 수월하게 풀려 갔다. 카페에서는 의기투합해 큰 틀을 잡은 후 저녁을 같이 먹으면서 모둠 짜는 방식과 아이들의 역할을 어떻게 나누고 융합수업을 어떻게 안내할 것인지 등 마치 셋이서 함께 뮤지컬을 요리하는 마냥 계속 대화를 나눴다. 수업 얘기를 계속 나누며 여러 아이디어들이 오가니 융합수업에 대한 기대가 차올랐다.

나는 부푼 기대를 안고 수업 시간에 아이들에게 음악, 국어, 가정 세 교과가 융합수업으로 뮤지컬을 할 거라고 안내했다. 뮤지컬이라는 특성 때문에 음악에서 가장 많은 시간을 보낼 거라고 나는 무척 신나서 말했다. 그러나 아이들의 반응은 풍선처럼 부푼 나의 기대를 바늘로 톡 터트려 바람을 빼듯 너무 싸늘했다.

"아~아~ 뮤지컬 싫어요"

"그걸 저희가 왜 해야 해요?"

"노잼노잼"

예상치 못한 아이들의 반응에 나는 당혹했다.

아이들은 뮤지컬을 뮤지컬 배우라는 직업을 가진 사람들이 하는 공연으로만 생각하는 듯했다. 학생인 자신들이 왜 해야 하는지 계속 물었다. 처음에는 이렇게 부정적인 아이들이 이해가 안 되었다. 지금 생각해 보면 협력종합예술활동(뮤지컬, 연극, 영화 등)이 서울시 중학교 예술 교육과정으로 들어오기도 전에 계획했던 수업이니 그럴 만도 했다. 학생들 입장에서는 협종(협력종합예술활동을 줄인말)이 교육과정 중 창의적 체험활동의 하나로 포함되어 있으면 교과 수업처럼 머리로 외워야 하거나 평가받는 느낌이 안 들었을 터였다. 나는 아이들의 원성에도 꿋꿋하게 말했다.

"왜? 너무 재밌을 거 같은데~ 어떻게 진행될 거냐면~"

"……"

뮤지컬 수업은 각 학급을 두 팀으로 나누고 정해진 소설 하나를 팀마다 각색하여 뮤지컬로 만드는 것이었다. 국어 시간에는 박완서의 〈자전거 도둑〉을 읽고 시나리오로 써보는 작업을 하고, 가정 시간에는 의복의 특성을 배우며 자전거 도둑에 나오는 등장인물에 어울리는 옷을 정해 보고, 음악 시간에는 음악 편곡과 연기를 일부 더해 전반적인 뮤지컬로 표현하는 활동을 진행한다. 세 교과에서 융합수업을 하니 아이들은 국어 시간에 하던 것을 음악 시간에 이어서 하기도 하고, 가정 시간에 하던 얘기를 국어 시간에도 꺼냈다. 처음에는 그렇게 부정적이기만 했던 아이들도 점차 싫은 내색이 줄어들어 보였다. 긍정적으로 바로 변하진 않았지만 작게라도 사부작 사부작 무언가를 하고 있었다. 아마 뮤지컬 수업의 필수 조건으로 제시한 두 가지가 도움이 된 것 같았다.

1. 모두의 참여
2. 비난 금지

수업에 모두 참여하는 것은 기본이지만, 세 과목이 함께하는 융합수업이니 누구도 배제되거나 소외되지 않는 것이 무엇보다 중요했다. 학생 한 명 한 명의 참여를 '자발적'으로 하도록 두면 분명 소외되거나 자의적으로 안 하는 아이가 있을까봐 빠짐없이 역할을 다 부여했다. 배우, 작가, 조명감독, 음악감독, 안무가 등 다양한 역할이 있어서 학급별로 서로 의논하여 역할을 다 나누게 했다. 제비뽑기로 하거나 대충 역할을 정하지 않고 자신이 잘 할 수 있는 것으로 정하도록 했다. 하나의 뮤지컬을 완성하는 프로젝트라 각자가 자신의 역할을 하지 않으면 프로젝트에 차질이 생기는 게 바로 보여서 아이들끼리 서로의 역할을 챙겨주기도 했다. 물론 누가 어떤 역할을 제대로 안 하고 있다고 나에게 일러 주는 것이 더 많긴

했지만, 그렇게라도 누군가 참여를 안 하고 있는 학생을 확인하고 관심을 기울여 서로 도움을 줄 수 있어 다행이라는 생각이 들었다. 그렇게 학급 활동에서만 주로 이뤄졌던 1인 1역이라는 방식과 활동이 세 교과의 융합수업에서 이뤄졌다.

뮤지컬을 거의 다 만들어갈 때쯤 생각지도 못한 문제가 드러났다. 특수교육대상 학생은 국어, 가정, 음악 세 교과 중 국어 시간에는 아예 개별실에서 수업을 받았고, 가정과 음악 시간에는 드문드문 수업에 참여했었다. 세 수업 모두에서 사각지대가 있었던 것이다. 그래서 이 학생의 역할(참여)을 생각 못 했다. 특수교육대상 학생이 속한 모둠장이 이 학생은 어떤 역할을 줘야 하는지, 은연중에 배제하는 느낌으로 내게 물어 왔다.

"선생님, 수혁이는 아무것도 안 해도 되죠?"

"아니지. 해야지"

"그럼 뭘 하라고 해요?"

"잠깐만…"

잠깐만이라는 세 글자는 그저 잠깐이 아니었다. 나는 수업 종이 칠 때까지 10분은 생각에 잠겼다. 수업 종이 치자 수혁이는 평소처럼 하이톤으로 밝게 인사하고 나갔다.

"윤선쌤~~ 안녕히 계세요. 우리 이따 또 봐요"

"응~ 수혁이 잘 가~"

기분 좋은 수혁이의 인사가 내 잠겼던 생각을 번뜩 풀리게 해줬다. 특수교육대상 학생이라고 역할을 부여하는 방법을 다르게 할 필요가 없었다. 평소에도 친구들이나 선생님들에게 하이톤으로 기분 좋게 인사하는 수혁이의 특성을 살리면 되었다. 마침 뮤지컬 등장인물 중 밝게 인사하는 역할이 있었는데, 다른 아이들은 민망해서 그런지 느낌을 제대로 못 살렸다. 역할을 정할 때 적용했던 기준인 각자가 잘 할 수 있는 것이니 수혁이만의 쾌활한 인사를 뮤지컬에 녹이면 되었다. 수혁이가 밝게 인사하는 등장인물을 맡아 연습하자 주변 아이들도 느낌이 제대로 산다고 반겼다. 수혁이도 친구들이 좋아하고 너무 잘한다고 칭찬해주자 더 열심히 하려고 노력하는 모습이 보였다. 수혁이가 어색했던 장면을 살려내자 아이들의 뮤지컬 연습에 활력이 느껴졌다. 이렇게 모두가 각자마다의 역할을 수행하며 융합수업이 풍성하게 만들어졌다. 마무리인 뮤지컬 발표회도 무사히 잘 마쳤다.

융합수업의 묘미는 하나의 교과 수업에서 일어났던 일이 그 시간 안에서 그치지 않고, 다른 교과 수업에도 연계되는 것이었다. 아이들은 세 수업이 마치 하나처럼 이어진 듯 느끼고, 교사도 아이들을 이중 삼중으로 관심을 쏟고 가르치며 키우는 느낌이 들었다.

융합수업을 하는 우리 세 교사도 교과별로 아이들의 다른 여러 모습들을 보고 들으며 좀 더 아이들을 이해하기 수월했다. 아이들의 입장에서도 세 과목에서 하나의 큰 주제로 수업을 하다보니 수업 간의 연계로 집중력도 높아지고 자신의 역할이 있으니 책임감도 컸을 것이다. 더불어 함께하는 활동과 교과 선생님에 대해서도 더 익숙하고 친근한 느낌이 들었을 것이다. 모두가 처음 해보는 융합수업인데다 뮤지컬 수업이고 에너지와 시간도 많이 투자해야 하는 큰 프로젝트 성격의 수업이라 발표회까지 무사히 잘 마친 것만 해도 대만족이었다.

발표회까지 오는 동안 아름답게 모둠활동을 하는 학급도 있었지만, 몇몇 학급에서는 아이들끼리 갈등도 많아서 이를 조정해줘야 하는 일도 많았다. 초기에는 하기 싫어하는 무기력한 학생들을 마주해야 하는 일이 다반사였다. 그래도 어찌저찌 한 명도 빠짐없이 자신의 역할을 끝까지 해냈다. 개인이 가진 고유의 색깔과 능력이 프로젝트에 기여하고 자신의 역할이 모두와 함께해서 더 빛날 수 있다면 그것 자체로 이미 큰 배움이자 훌륭한 활동이었다. 그 순간은 아이들마다 자신의 빛나는 시간들이 되어 쌓일 것이었다. 누구도 아닌 자신이어야만 하는 역할, 누가 시켜서가 아닌 자신이 잘할 수 있는 것으로 직접 정한 역할, 혼자 빛나는 것이 아닌 함께

하는 모두가 어우러지는 역할, 각자 역할마다 필요가 가치가 있다는 것을 느끼는 시간이었을 것이다. 혼자 하면 역할의 의미가 잘 와닿지 않아도 함께하면 온몸으로 와닿는다. 융합수업의 묘미이자 모두 참여하는 수업의 묘미이다. 선생님들도 한번 해 보시라. 재밌을 거다. 함께라면 가능하니까.

자세히 보아야
참여다

아이들의 참여가 적극적인 학급은 수업할 때 교사에게 힘을 실어준다. 그런 학급은 교사가 어떠한 활동을 준비해 가도 아이들의 참여가 높아 저절로 신이 나고 목소리에도 에너지가 실려 45분 수업 내내 더 재밌게 임하게 된다. 그에 반해 상대적으로 참여가 적은 학급에서는 내가 계획한 수업 활동이 별로인가 의문을 가지게 되거나 그 학급 분위기가 원래 그런지 다른 교과 선생님들에게도 묻게 된다. 간사하게도 내가 느낀 부정적 분위기가 다른 교과에서도 느껴진다면 안심이 되기도 한다. 아이들의 참여도가 학급별로 다른 이유는 누구도 분명하게 알지 못한다. 수업에 함께하는 학생과 교사의 기질 차이일 수도 있고, 수업 내용이나 활동이 학생들이

모두 참여 수업

느끼기에 어려워서일 수도 있고, 난이도 설정이 안 맞아서일 수도 있다. 이유는 그 외에도 무수히 많을 수 있다. 잘 되지 않는 다양한 이유가 있겠지만 명확한 이유를 댈 수는 없다. 그래서 늘 학생들의 배움에 대해서도 다양한 각도에서 생각을 해 보고, 또 배움 못지 않게 참여를 높이는 방법도 연구한다.

수업에서 참여의 기준은 정해진 바가 없다. 교과서에 기준이 나와 있는 것도, 누가 정해 주는 것도 아니다. 나에게 참여는 아이들이 모든 활동에 적극적으로 임하는 모습이 내 눈에 보이는 것이다. 그래서 나는 한 명도 빠짐없이 모든 아이들이 다 참여했으면 좋겠다는 생각에 게임(game)형식의 활동을 많이 했다. 모두가 할 수 있게 릴레이 형식을 사용하거나 인간 보물찾기 활동을 통해 어떻게든 20명이 넘는 아이들 전체가 수업 활동에 임하게 했다. 높은음자리표와 낮은음자리표를 그려 보는 활동에서도 분단별로 나와 칠판에 한 명씩 그려 보고, 분단별로 누가 더 빨리 그릴 수 있나 경쟁하게도 했었다. 지금 돌이켜 보면 아이들 스스로 원해서 했다기보다는 교사가 반강제로 하는 참여 활동이었다. 그렇게 해서라도 내 수업에서는 한 명도 소외시키고 싶지 않았다. 내 열정이 버거울 학생이 있을 수도 있다는 생각은 못 했다. 학기별로 아이들에게 수업 관련 설문을 받았는데, 이 설문조사를 하다 내 생각이 180도 바꿰게 되었다. 평소 수업에 굉장히 적극적으로 참여하고 있다고 생각한 아이가 음악 시간에 수업 관련이긴 해도, 신체적으로 하는 활동이 많아 힘들 때가 있다고 솔직하게 표현했다. 처음에 그 내용을 보고 그 학생에게 약간의 서운함을 느꼈다. 나는 아이들을 위해서 열심히 준비한 수업인데 내 마음을 몰라주는 것 같은 서운함이 일었다. 나도 어린 마음이었다. 그러다 솔직하게 작성해 준 학생처럼 티는 안 내도 버거웠을 애들이 있지 않을까 하는 데에 생각이 미쳤다. 이 학생이 포함된 학급에 있는 아이들 한 명 한 명을 돌이켜 생각해 봤다. 여러 아이들을 생각하다 보니 문득 다른 면모가 보였다. 수업에서 대답을 잘하는 아이, 집중을 잘하는 아이, 글씨를 잘 쓰는 아이, 눈맞춤을 계속 해주는 아이 등 수업에서 아이들이 보여주는 모습은 참 다양하다. 비슷한 사람은 있어도 똑같은 사람은 없듯이 참여하는 방법이 이렇게 다양했던 것이다. 적극적으로 활동에 임한다는 내 기준으로 생각했던 참여가 대답, 글, 집중, 눈빛, 그림 등 여러 모양으로 존재할 수 있다는 것을 깨달았다.

내 생각을 180도 바꾸게 해준 아이들의 참여 유형을 살펴보면 첫 번째로, 수업하는 내내 눈은 한 번도 안 맞추고 책상만 보는 아이가 있었다. 당연히 수업을 잘 안 들었겠거니 하고 활동지나 해야 할 과제를 주면 안 하거나 몰라서 못 할 줄 알았는데 곧잘 했다. 예전에는 수업에 참여 안 한다고 생각했겠지만 이제는 눈빛의 모양이 달라서라고 생각한다. 젓가락질 잘해야만 밥을 먹나요, 이런 노래 가사가 있듯이 눈맞춤을 꼭 잘해야만 수업에 참여하고 있는 것이 아니기 때문이다. 두 번째로, 학급 전체를 대상으로 쉬운 질문을 해도 입술을 떼지 않는 아이가 있었다. 물론 개인적인 질문을 해도 '네' '아니요' 같은 단답을 하거나 고개를 끄덕이거나 젓는 방식으로 표현했다. 수업 내용이 어려운 건지, 이해를 못한 건지 오해하기도 했지만 음악 라디오 DJ 대본을 작성하는 수업에서 그 편견이 깨졌다. 중학교 2학년이 그리 글을 잘 쓸 수 있는지 처음 알게 해준 아이였다. 정말 라디오 작가가 쓴 글 같았다. 그 아이가 대답을 안 했던 건 어렵거나 이해가 되지 않아서가 아니라 그간 대답의 모양이 달랐던 것이다. 글로 자신의 모든 답을 표현해낸 것이다. 꼭 입으로 답해야 대답인 것은 아니었다. 마지막으로, 수업 시간에 수업 빼고 다른 모든 것에 신경이 가 있어 집중이 짧아 보이는 학생이 있었다. 사실 이 유형의 학생들에게는 나도 사람인지라 종종 마음속으로 화난 적이 많았다. 분명 수업 내용을 두세 차례나 설명하고 아이들에게 개인활동이나 모둠활동을 하라고 안내하면

"에?"

"뭐래?"

"지금 뭐 해야 돼요?"

"저 근데 화장실 가고 싶어요"

"모르겠는데요"

이처럼 속을 뒤집어 놓는 말을 종종 아니 거의 수업 시간마다 했다. 설명을 두 번 세 번을 했는데 왜 모르냐고 선타박을 하고 다시 친절하게 무엇을 해야 하는지 하나하나 알려줬다. 알려주고 나서도 내 속을 일부러 긁으려고 하는 것인가, 괜한 생각을 했었지만 이제는 집중의 모양이 사람마다 다른 것을 어떻게 하겠어라는 심정으로 바라보게 되었다. 그러니 한층 마음이 안정됐다. 그리고 그 학생이 어떤 말이라도 해서 다시 설명을 듣고 활동에 참여하겠다는 모습을 보이는 것 같아 보였다. 해석이 바뀐 셈이다. 오히려 수업 안에서 아예 포기하지는 않는 것 같아 고마움도 느껴졌다. 세 가지 유형만 생각해 봤지만 수업에 잘 참여하지 못한다고 생각한 아이들의 유형은 정말 많을 것이다. 참여하지 '못한다' '않는다'라고 판단하지 않고 참여의 '모양이 다르다' 생각하니 나도 수업을 계획하고 참여하고 평가를 내리는 데에 마음가짐이 달라졌다.

수업을 하다 보면 학생들이 수업 내용을 이해했는지 중간중간 확인할 때가 많다. 아이들의 이해도를 확인해야 그 다음 내용으로 넘어갈 수 있어서이기도 하지만, 수업 중에 아이들이 멍하니 있거

모두 참여 수업

나 내가 너무 설명만 했나 싶을 때도 확인을 한다. 참여의 모양이 다양할 수 있음을 인지하기 전에는 늘 말로 물어보거나 손 들기로 확인했다.

"내용 이해가 다 되니?"

"다시 설명해 줬으면 좋을 거 같다! 손을 내리세요"(다 손을 들게 하려는 작전이다)

참여에 사람마다 여러 가지 모습을 보일 수 있다는 것을 깨달은 후에는 말과 손을 쓰는 방법 외에도 글과 눈을 쓰는 방법을 추가했다. 주변에서 손을 다 들어서 자기만 안 들기 민망해서 드는 경우도 있으니 자신의 활동지에 하트나 동그라미를 그리게 하여 순회지도 할 때 확인할 수 있게 했다. 주변 아이들이 그 표시를 보는 게 싫어 하트나 동그라미를 그리지 않는 아이도 있을까봐 교사인 나만 볼 수 있게 눈으로도 의사를 표현하는 것도 추가 했다.

"지금 이해가 된 사람은 눈을 깜-빡"

"설명 더 해주는 게 좋은 사람은 눈을 깜빡깜빡깜빡"

"쉬운 사람은 눈을 위로, 어려운 사람은 눈을 아래로"

말, 글, 눈 등 아이들의 이해도를 확인하려고 했던 여러 방법이 결국 아이들의 참여를 이끄는 데 큰 역할을 했다.

선생님들 스타일도 다 다르듯 학생들도 한 명 한 명 정말 다 다르다. 그래서 담임을 할 때나 교과 수업을 할 때 학생별로 친근하게 느끼는 포인트도 다르고 어렵게 느끼거나 조심해야 되는 부분도 다르다. 요즘 유행하는 MBTI처럼 E는 사람들에게서 에너지를 얻는 유형, I는 혼자만의 시간으로 에너지를 얻는 유형으로 나눌 수 있듯이 수업에도 말로 참여하는 학생, 말은 안 해도 눈빛으로 참여하는 학생이 있다. 수업 시간 45분 안에서 모두가 똑같은 모습으로 참여한다면 어쩌면 재미없을 수 있다. 이렇게 참여하는 학생도 있고 저렇게 참여하는 학생도 있어서 그런 모습에 맞게 여러 방법들을 구상하면서 더 좋은 수업 아이디어가 떠오른다. 아이들의 참여를 이끌어내는 가장 좋은 방법은 아이들마다 참여의 모양을 있는 그대로 인정해 주는 것 그리고 교사인 내 인식과 포용의 스펙트럼이 넓어질수록 참여가 늘어나는 것은 아닐까?

우리 모두
제로

제로 콜라

○○카드 제로

제로 카카오 케이크

제로 후루츠 젤리

언제부터인가 일상 주변에서 '제로' 열풍이 불고 있다. 제로는 '값이 없는 수'로 말 그대로 0을 의미한다. 보통 음식에는 당분을 넣지 않아 열량(calorie)이 없다는 의미이고 카드에서는 실적이나 할인 한도를 없앤 것을 의미한다. 설탕이든 한도든 어쨌든 아무것도 없는 상태를 제로라 한다면 교사와 학생 모두 이전에 경험한 적이 없어 사전 지식이 거의 제로인 수업을 함께 한다면 어떨까?

교사가 되고 나서 나 자신과 약속한 것이 있다. 매년 새로운 수업을 한 가지는 하는 것이다. 새로운 수업이란 나도 태어나서 처음 접한 것을 어떻게든 스스로 연구하고 배워서 수업에 적용해 보는 것이다. 솔직히 해 봤던 수업을 하는 게 나로서도 편하긴 하다. 경력이 늘어날수록 가진 수업 자료도 많아지기 때문에, 매년 같은 수업을 하게 되면 이전에 썼던 자료를 그대로 쓰기도 하고 약간만 편집해서 사용할 수 있다. 더불어 아이들의 수준을 짐작하는 게 쉽고 수업을 안정적으로 이끌어가기도 수월하다. 이런 편안함에 안주할 수 있지만 처음 해 보는 새로운 수업은 ppt나 활동지 등 수업 관련한 모든 것들이 제로인 상황에서 시작하게 되어 신선함이 있다. 신선함의 뒷면은 사실 두려움이다. 신선한 설렘이 두려움이 되기도 하고 두려움이 다시 설렘이 되기도 한다. 여러 가지 감정이 수업을 하기 직전까지도 내 마음 여러 곳을 방문하며 돌아다닌다.

새로운 수업은, '무슨 수업을 하지?' 각 잡고 생각하고 연구해서 준비하는 것은 아니다. 요새 유행하는 것을 생각해 보기도 하고 SNS를 보다 재밌어 보이는 게 있으면 다음 학기나 다음 년도에 자연스레 적용해보려 한다. 최근에는 개인적으로 장애인, 소수 인종과 같은 사회적 약자에 관심이 생겼는데, 그러다 보니 유튜브 알고

모두 참여 수업

리즘에도 자연스럽게 관련 자료들이 떴다. 그러다 장애인의 날 특집으로 '세글자송'이라는 노래를 수어와 함께 부르는 영상을 발견했다. 보자마자 자석에 이끌리듯 머릿속으로 수업을 구상하고 있는 나를 마주하게 됐다. 세글자송은 가창과 수어는 물론, 가사도 좋은 의미가 많아서 인성교육에 활용할 수 있고 별다른 음정 없이 부르는 부분도 개인창작을 시킬 수 있을 듯했다. 머릿속으로만 구상해도 너무 재밌을 거 같았다. 무엇보다 수어에 대한 사전 지식이 나처럼 학생들도 거의 없다고 생각하니, 참여도가 더 높을 거 같았다. 아이들에게 수어 수업을 설명하자 첫 반응은 예상했던 대로 당황스러워 했다. 그런 아이들에게 근거 있는 자신감을 심어주려고 했다.

"선생님도 이 수업 하려고 처음 해 봤는데 재밌더라. 너희도 곧 그럴걸? 샘 믿어봐!"

당황한 표정이 역력했던 아이들 얼굴에 나만 알 수 있는 얕은 미소가 보였다.

아이들을 가르치려고 세글자송 노래에 나오는 수어만을 익힌 거라 나도 당연히 수어를 제대로 알지 못했다. 그래서 아이들이 노래에 나오지 않은 단어나 문장을 물어보면 처음에 그렇게 당혹스러울 수가 없었다. 계속 '그건 모르겠는데'만 외쳐야 하니 나도 답답했지만 어쩔 수 없었다. 궁금해서 물어보는 아이들은 그나마 괜찮았지만, 한 번씩 욱하게 만드는 질문도 많았다. 짓궂은 아이들은 손가락 욕이라고도 하는 가운데 손가락에 대해 마치 궁금하다는 듯 물었다.

"(가운데 손가락을 들어 보이며) 선생님 이건 수어로 무슨 뜻인가요?"

"수어에서도 욕일까요?"

"수어에서는 욕이 아니고 좋은 뜻이면 해도 돼요?"

내 마음속에서 3초 동안 참을 인을 10번은 외쳤다. 원래도 깊게 생각하지 않고 악의 없이 궁금한 건 바로 물어봐야 직성이 풀리는 아이들 성향이 제대로 드러난 질문이라고 받아들이기로 했다. 그러곤 (인내하지 않은 척) 냉소적인 미소를 날리며 나도 똑같이 악의 없이 말해줬다.

"(가운데 손가락을 보이며) 이거? 몰라! 근데 똑같이 상대방의 기분을 상하게 할 거 같은데? 지금 너희가 나한테 그랬고. 근데, (엄지손가락으로 바꾸며) 이렇게 해야 기분이 안 상하고 좋을 거 같다. 너희 생각은 어떠니?"

"죄송합니다"

심한 꾸짖음은 없었지만 내 말과 표현의 의도를 파악하고 바로 사과를 하는 아이들을 보며 금세 마음이 풀렸다. 수어에 대해 모두 사전 지식이 제로라 생각하니 욕을 많이 하는 사춘기 아이들은 진짜 궁금했을 수도 있겠다 싶어 더 화내지 않고 센스있게 잘 넘어갈 수 있었다.

세글자송 노래에 대해 간단하게 안내하고 이 노래에 좋은 의미를 가진 세글자가 6개 나오니, 우리도 각자 듣기 좋은 세글자를 친구들과 함께 공유해보자고 했다. 바로 발표시키면 부끄럽거나 참여하기 싫어하는 학생이 있을까 봐 종이에 먼저 작성하게 해 취합한 후 랜덤으로 뽑아 발표하게 했다. 역시나 아이들의 답은 다양함을 넘어 기발했다.

"사랑해"

"돈줄게"

"사귀자"

"떡볶이"

"카리나"

"5억임"

"수업끝"

평소 목소리가 작은 아이, 남들 앞에서 말하기 꺼리는 아이들도 기발한 답들에 재미가 있었는지 자기 것인지, 친구 것인지 모를 세글자를 웃으며 큰소리로 발표해 줬다. 이 활동을 하기 전에는 사실 '돈줄게' '수업끝'과 같은 세글자가 나오리라 상상도 못 했다. 세글자송 가사에 있는 '고마워' '최고야' '소중해'와 비슷한 세글자가 나올 거라 생각했는데 의외였다. 역시나 사람마다 생각하는 것이 아예 달랐다. 서로 듣기 좋은 세글자 활동을 마치고 다음 활동을 이어가려는 순간 한 학생이 물었다.

"근데 선생님은 어떤 세글자가 좋아요?"

"···"

"그러게? 샘은 뭐예요?"

"어···"

"선생님도 수업끝 이런 건 아니죠? 큭큭큭"

"덕분에"

"에? 재미없어요~"

함께 제로인 상태로 하자고 해놓고 막상 나한테 듣기 좋은 세글자를 물어보니 별안간 머릿속이 진짜 제로가 됐다. 수업에서 함께하는 사람은 교사와 학생이라고 생각은 늘 하지만, 막상 수업을 하고 활동을 진행하다 보면 교사로서 나는 아이들 사이의 소통의 분위기를 만들어주는 역할만 하게 된다.

세글자 활동을 마친 후 본격적으로 단어별 수어를 배우고 자신만의 그림으로 표현하게 했다. 그림이라고 해서 엄청 잘 그리려 하거나 중요한 포인트를 살리는 데 집중하기보다 자신이 느낀 그대로 그리게 했다. 수행평가 점수와 상관없고 친구들한테 보여주는 것도 아니니 자신만의 수어를 요약하는 그림으로 편하게 그려 보라 했다. 그래도 애들이 생각보다 어려워서 내가 먼저 변명처럼 말하며 예시를 그려 줬다.

"선생님은 음악 선생님이지 미술 선생님이 아니야. 잘 봐"

(수어) 예쁘다: 검지손가락으로 볼을 누른다.

(수어) 숫자3: 세 손가락으로 숫자 3을 보여준다.

교사 그림

▲ 예쁘다   ▲ 숫자 3

내가 그린 그림을 보고 아이들은 용기를 얻었는지 바로 그리기 시작했다. 자존심이 조금 상할 뻔했지만, 괜찮았다. 난 음악선생님이니까. 그림에 자신 없던 아이들도 자기가 느끼는 대로 그리고,

평소 그림 그리기를 좋아하는 아이들은 신나서 그리고, 말을 많이 하는 애들은 똑같이 이것저것 말하면서 그리고, 묵묵히 자기 할 거 하는 아이들은 내가 그린 그림을 보기도 전에 이미 그리고, 어떻게 든 모두가 그렸다.

학생 그림

▲ 예쁘다　　▲ 예쁘다　　▲ 셋　　▲ 셋

처음 수어 수업을 한다고 했을 때 당황한 표정이 가득했던 아이들의 얼굴은 수업을 할수록 편안한 표정으로 변했다. 단어별로 수어를 배우고, 노래와 함께 접목하는 등 단계별로 천천히 나아가다 보니 아이들 스스로도 할 수 있다는 근거 있는 자신감이 생겨 보였다. 몇몇 아이들은 배운 수어로 문장을 만들어내기도 했고, 웃음기 가득한 얼굴로 자신의 수어를 보고 어떤 의미인지 맞혀보라고 으스대기도 하며 서로 장난도 쳤다. 난생처음 수어를 배워본다며 왜 배워야 하는지 의문을 가졌던 아이들마저도 음악 시간이 끝나면 복도가 다 울리게 세글자송을 부르기도 했다. 마치 수어 수업

　　　　　　　　　　　모두 참여 수업

이 처음부터 마음에 들었던 것처럼…. 아이들이 세글자송을 부르며 수어를 하는 게 익숙해질 때쯤 특수 선생님이 장애인의 날 행사로 수어 챌린지를 기획하셨는데, 챌린지 중 세글자송이 포함되어 있었다. 그러자 아이들끼리 쉬는 시간이나 점심시간에 삼삼오오 모여 수어 영상을 찍어 챌린지에 도전했다. 수업에서 배운 내용이 학교의 다른 행사와 연계되니 아이들도 그 행사에 적극적으로 참여하게 되고 어렵지 않게 자연스레 접근할 수 있었다. 수어를 제로수업으로 만든 효과 같아서 교사로서 괜스레 뿌듯해지고 보기 좋았다.

요즘 같은 정보화 시대에는 수업을 계획하고 다양한 활동을 구상할 때 참고할 수 있는 자료도 정말 많고, 수업의 방향을 알려주는 나침반 역할이 되는 동료 교사들도 많다. 그럼에도 내가 지속적으로 새로운 수업을 구상하려는 이유는 교사로서 지키고 싶은 나 자신의 열정 때문이라고 할 수 있다. 음악 수업에서는 노래, 악기 연주 등 다양한 영역을 다루지만 익히 들어본 것들을 수업에서 한다면, 본격적으로 수업을 하기도 전에 아이들은 이미 자신이 '잘' 할 수 있는지 없는지 지레 생각한다. 그러나 배움에는 '잘'이 없고 누구나 노력하면 어느 만큼은 할 수 있다. 이를 아이들에게 알려주고 싶었다. 그래서 나는 새로운 수업 중에서도 대다수가 '이걸 음악 수업에!?' 하는 것들을 수업으로 더 가져 오려 한다. 같은 공간에서 같은 수업을 들으면 아무래도 상대적인 비교가 되기 쉽다. 그래서 오히려 모두가 제로인 상태라고 한다면 편안한 분위기 속에서 수업을 듣지 않을까 하는 마음에서다. 그런 분위기 안에서는 학생들이 자신도 모르는 사이에 수업에 참여하고 있을 것이다. 학생들이 자신의 배움과 가능성을 예단하지 않고, 제로 상태에서 출발해 한 단계 한 단계 나아가는 자신을 확인하며 성장했으면 하는 바람이다. 많은 교실에서 이런 수업이 많아졌으면 좋겠다.

모두 참여 수업

수업은
합집합

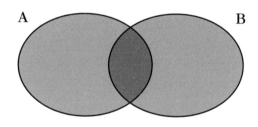

　수학 시간에 합집합에 대해 배운 적이 있다. 위키백과(wikipedia) 에서는 둘 또는 더 많은 집합에서 그들의 모든 원소를 한 군데 합 쳐 놓은 집합으로 정의하고 있다. 우리가 모두 아는 것처럼 A와 B 의 공통 원소만이 아닌 모든 원소를 아우르는 것이다. A와 B의 합 을 내 수업에 적용해 보면 학급 수만큼 많은 학생들이 원소로 존재하고, 그 모든 원소들이 모인 우리가 음악실이라는 한 공간에 합해 있다. 사실 2년차 때까지만 해도 수업에서 A가 교사, B는 학생'들'이라고 나 혼자 규정했었다. 그러니 교사와 학생들이 겹치는 영역에 초점을 맞출 수밖에 없었다. 수업에서 합집합을 이뤘다기보다는 오히려 교집합에 더 가까웠다. 내가 가르치려고 하는 것과 학생들이 배움으로 받아들이는 영역이 (개인차가 크지 않고) 비슷할 것이라고 생각했다. 그러나 그것은 나의 심한 착각이었다. 가르침과 배움 사이의 간극은 컸고 쉽사리 줄어들지 않았다. 그후 다양한 수업을 해 보면서 수업에서 합집합은 간단하게 교사와 균일한 학생 집단이 만나는 것이 아니라고 깨달았다. 오히려 교사와 학생들이 그 수만큼 각기 다른 원소이고 그 각각은 무수히 많은 관계로 엮여 있다는 것을 피부로 느꼈다. 그런 깨달음 덕분인지 이제는 시야도 개별 학생 모두를 향하고 있다. 수업하는 우리의 모습을 누군가 옆에서 지켜 본다면 진정한 합집합에 가까워 보일 것이라고 생각한다.

학교에서 교사는 학생을 가르치는 사람, 학생은 배우는 사람이라고 간단히 정의할 수 있지만, 현장에 있다보면 교사도 학생에게 배우는 점이 정말 많다. 처음에는 누구나 우여곡절을 겪고, 실수가 많듯 나 또한 수업에서 그랬다. 특히 특수교육대상 학생에 대해서는 지식도 부족한데다 자료가 많이 없어 실수가 많았다.

모두 참여 수업

특히 붐웨커 수업이 기억난다. 붐웨커(플라스틱 막대로 두드려서 소리내는 타악기)는 각 음을 내는 10여 개의 막대로 되어 있어 보통 한 명당 1~2개의 막대를 들고 합주하는 모둠활동으로 수업을 진행한다. 당시 특수교육대상 학생인 이안이는 글씨도 제대로 못 쓰고, 이해도가 낮고, 말을 걸면 부끄러워 얼굴이 빨개지며 '응' '네' 말고는 할 수 없었다. 그래서 이안이가 서툴러도 모둠에 크게 영향이 가지 않도록 음악적 능력이 상대적으로 높은 아이들이 많은 모둠으로 배치했었다. 모둠활동을 할 때도 이안이는 붐웨커 1개를 들고 악보를 보지도 않고 책상에 아무렇게나 두드리다가 내가 다가가서 알려주려고 하면 당황해 소리를 내며 붐웨커를 내려놓았다. 수행평가도 어떻게 봐야할 것인지 고민이었다. 다른 교과 선생님에게 여쭤 보았더니, 이안이한테 말은 하고 기본 점수는 주라고 하셨다. 특수 선생님에게도 자문을 구하니 이안이가 어려워하면 그렇게 해도 된다고 하셨다. 특수교육대상 학생을 처음 수업해 보는 것이기도 하고 다른 동료 교사들이 그렇게 얘기하시니 나는 교사로서 이안이의 수행평가에 대해 별다른 고민 없이 기본 점수를 주려고 했었다. 내 염려에 비해 너무나 간단한 해결책이어서 이안이가 있는 학급 수행평가를 볼 때 마음 편안히 임했다. 그런데 그 마음을 혼내기라도 하듯 같은 모둠 서준이가 나에게 물었다.

"샘, 이안이는 저희랑 따로 봐요?"

"(기본 점수를 줄 생각으로) 그렇지~"

"아, 네~ 그럼 이따 따로 볼 때 제가 이안이 악보 가리켜 줘도 되는 거죠?"

"어? 이안이를?"

"네, 제가 옆에서 악보 가리키면서 이안이 자기 음 나올 때 손짓을 해 주면 쳐요"

"그래! 고마워"

놀란 척 안 하려고 무덤덤하게 말했지만 아마 티났을 것이다. 굉장히 부끄러웠다. 교사인 나보다 학생이 더 낫다고 생각한 순간이었다. 심지어 나는 서준이가 이안이는 따로 보느냐고 처음 물어봤을 때도 이안이를 배제하려는 건 줄 알았다. 하지만 서준이는 이안이를 위해 모둠에서 아예 따로 한 번 더 연주하는 것으로 얘기했다. '특수'라는 수식어가 붙지만 특수교육대상 학생도 구성원에서 따로 분리하거나 관심과 기대를 저버려야 할 아이는 아닌데, 교사인 나조차 무의식으로 그렇게 생각하고 있었구나 싶어 깊은 반성을 했다. 수업을 하다 보면 대드는 아이나 산만한 아이나 다 각자만의 특성이 있는 것이고, 이안이도 이안이만의 특성이 있는 것인데…. 그렇게 서준이의 도움으로 이안이의 수행평가는 제대로 이

모두 참여 수업

루어졌다. 그냥 못할 거라고 기본 점수를 주는 것이 아닌 이안이가 직접 해내는 수행평가여서 수행평가의 의미를 제대로 살린 거 같았다.

교사는 평가계획을 수립할 때 장기결석, 전입, 질병 등 다양한 유형에 대해 점수 부여 방안을 고려한다. 음악 수업에서도 손으로 직접 연주하는 악기 수행평가를 봐야 하는데 다쳐서 바로 못 보면 추후에 본다든지, 수행평가가 일주일 뒤인데 전입생이 오면 다른 대체물을 부여하는 등 수업을 하면서 겪는 변동성들을 고민한다. 그런데 특수교육대상 학생에 대해서는 기본 점수를 주거나 간략하게 '별도 협의하여 결정함'이라는 문구로 적었던 적이 많았다. 이안이 상황을 겪고 나서 수업이나 평가를 바라보는 시각이 완전히 달라졌다. 평가계획도 더 구체적으로 작성하고 수업 방식도 특수교육대상 학생뿐만 아니라 여러 상황으로 어려움을 느끼는 아이들도 편하게 참여할 수 있게 계속 고찰했다.

어렸을 때 피아노 학원을 다녀본 아이들은 피아노를 너무 잘치고, 처음인 애들은 아예 '도'가 어디인지도 모를 정도로 수준 차이가 바로 눈에 보이고 귀로 들렸다. 동일한 시간에 학급 전체를 대상으로 수업하며 가르치지만, 아이들이 배우는 피아노 내용과 연주곡에 편차를 뒀다. 피아노가 익숙한 아이들은 왼손-오른손 같이 연주하는 곡, 처음이거나 아직 어려운 아이들은 왼손 따로 오른손 따로 연주하는 곡으로 설정했다. 아이들의 연주실력 편차가 바로 보이는 피아노 수업에서 수정한 수업 방식이 잘 맞아 떨어진 느낌이 들었다. 특수교육대상 학생 정현이는 피아노에 관심은 있지만 음악 시간에 주어진 악보나 기초 이론에는 관심이 없어 다른 방법을 강구해야 했다. 그즈음 특수 선생님의 메시지가 도착했다.

정현이에 대해 알려드려요.
정현이가 수업 중에 반향어를 할 수 있어요. 그럴 때는…
정현이는 글씨를 또박또박 쓰고 알파벳과 그림을 좋아해요. 교과에서 수업 내용을 따라 쓰게 하거나 그림을 그리는 것도 수업에 도움이 될 거예요.

때마침 온 메시지라 도움이 컸다. 정현이가 피아노에 크게 관심이 없어 보이기도 해서 피아노 연주와 별개로 음 이름을 한글과 영어로 쓰게 했더니 찍어낸 듯한 글씨로 꼼꼼하게 작성했다. 정현이도 재미가 있었는지 칠판으로 나와서도 '도레미파솔라시도'를 글로 쓰고 알파벳으로 'CDEFGABC'도 쓰며 큰 목소리로 읽기까지 했다. 적극적인 정현이 모습에 나도 신이 나서 이번엔 피아노를 그리게 했다. 역시나 정현이는 기막히게 그려 냈다. 그런데 신나는 것도 잠시였다. 그렇게 3번의 수업이 지나가자 정현이에게 더 이상 시킬 게 떠오르지 않아 다시 피아노를 꺼냈다. 도레미파솔라시도를 알려주고 연습을 하게 했지만 정현이의 흥미를 사로잡진 못했다. 다른 아이들의 피아노 선율에 맞춰 고민에 빠질 찰나

"ABCDEFG ♪

HIJKLMNOP ♪

…"

정현이의 알파벳송이 들렸다. 평소 알파벳을 워낙 좋아하는 아이였는데, 그날 알파벳송은 다시 나를 신나게 하는 선물 같은 노래였다.

"정현아~ 선생님이랑 알파벳송으로 피아노 쳐 볼래? 정현이도 할 수 있어. ♪도도 솔솔 라라 솔 파파 미미 레레도♪"

"어떻게 하는거야"

"선생님한테 어떻게 얘기해야 되죠?"

"어떻게 하는 거예요?"

"그래 고마워. 선생님이 이제 자세히 알려줄게"

습득력이 좋은 정현이는 딱 2번 알려줬는데 외워서 치기 시작했다. 같은 반 아이들도 알고 보니 정현이가 피아노 천재였다며 연

신 신기해 했다. 나도 이 정도면 정현이가 음악 영재가 아닌가, 생각할 정도로 집중력과 음감이 좋았다. 정현이가 기특하고 고마웠다. 정현이는 이후로 음악 시간에 오면 바로 피아노부터 열어서 알파벳송 노래와 함께 피아노를 연주했다. 정현이가 음악 시간에 연습한 곡이 알파벳송이었기 때문에 자연스레 정현이의 수행평가 곡도 알파벳송이 됐다. 피아노 수행평가를 마치고 남은 시간에 아이들에게 자유시간을 줬는데, 자연스레 정현이 근처로 아이들이 모여서 원래 피아노 잘 쳤던거 아니냐며 장난을 건넸다. 그 장난에 정현이가 한 말이 내 심금을 울렸다.

"나 할 수 있어!"

자는 학생, 수업 시간에 뒷북치는 학생, 집중력이 좋은 학생, 특수교육대상 학생, 무기력한 학생, 말을 재밌게 하는 학생, 그림을 잘 그리는 학생 등 수업에서 마주하는 학생들은 무수히 많고 다양하다. 심지어 매번 다른 모습으로 늘 우리를 맞이한다. 수업 시간에 드러나는 여러 특성의 아이들을 (내 기준으로) 똑같이 좋은 방향으로 안내하려 노력하는 것보다 그 특성을 인정해주는 것이 더 좋은 방향이 되었다. 평가계획을 수립할 때 여러 유형을 고려하듯 수업을 하면서도 다양한 아이들의 특성을 수용하고 고려하면 어떨까? '원래 저런 아이니까' '내가 이해해야지' '어쩔 수 없지'가 아니라 내가 그 아이에게 어떤 환경을 만들어줄 수 있는지, 지금 함께 하는 수업에 참여할 다른 방식이 있는지 고민하고 또 고민해 보면 좋겠다. 수업은 우리 모두의 '합집합'이니까.

모두의, 모두에 의한,
모두를 위한

모두

학교에 있으면 모두의 말을 들어주고 모든 학생을 이끌어가고 싶은데 실제로는 이것이 참으로 어려운 일이라는 것을 알게 된다. 생각보다 학생들은 정말 다양하기 때문이다. 하물며 쌍둥이라고 해도 둘의 성격과 취향이 아예 다르기도 하니… 그래도 늘 수업을 준비할 때면 내가 계획한 배움으로 모두를 이끌고 싶고, 모두가 재미있어 하면 좋겠고, 모두의 취향을 적어도 반은 저격하고 싶은 욕심이 있다. 그 욕심이 열정이 되어 다양하게 도전해 보지만, 대개는 섭섭함으로 돌아온다. 학급에서 꼭 한두 명씩은 어떤 활동을 해도 무기력하거나, 오만가지 싫은 표정을 지으면서 하거나, 꼬치꼬치 딴지 거는 아이들이 있다.

"꼭 해야 해요?"

"안 하면 어떻게 돼요?"

"수행평가 그냥 0점 받을게요"

"아 XX 하기 싫어"

"저 그거 어렸을 때 다 했던 건데"

물론 아름다운 아이들도 많다. 어떤 활동을 해도 적극적으로 임하거나, 기대에 찬 눈빛으로 나를 바라보거나, 알아서 잘하는 그런 아이들도 있다.

"선생님 이렇게 해도 괜찮을까요?"

"다 했어요!"

"재밌어요. 다음엔 뭐 해요!?"

이렇게 저렇게 하고 싶은 티, 하기 싫은 티를 내기도 하지만 묵묵하게 별 반응 없이 하는 애들도 있다. 어떤 아이들의 유형이 수업하기 더 편하다고는 말할 수 없다. 한 유형을 선택하면 모두를 포괄할 수 없으니까…. 교사가 되고 나서 친구가 해준 말이 아직도 가슴에 깊이 남아 있다. 열심히 공부해서 합격한 나에게 축하를 전하면서 당부의 말을 했다. 수업을 하다 보면 위에 말한 유형들처럼 마음을 불편하게 하든 아름답게 하든 저절로 눈에 띄는 아이들이 많겠지만, '너는 꼭 눈에 띄지 않는 아이들도 잘 봐줬으면 좋겠다'고 했다. 솔직히 교사 2년차 때까지는 '이 말이 무슨 말일까? 당연히 그래야 하는 거 아닌가' 하며 마음에 와닿지는 않았다. 경력이 조금씩 쌓이며 점점 다양한 측면에서 학생들을 바라볼 수 있는 시기가 오니, 친구의 말이 교사로서 내 심장의 한쪽을 차지했다. 하기 싫다고 진심으로 말하거나 한 번은 튕기려고 하는 아이들도 어쨌든 수업에서 표현을 한 것이다. 이것저것 열심히 하려는 아이들도 수업에서 의지를 표현한 것이다. 하지만 별 반응 없이 묵묵히 하거나 아무것도 안 하고 있는 아이들에게는 내가 어떤 반응을 해줄 수가 없었다. 교사 1명과 학생 20명 이상이 함께 수업을 하는데, 나도 사람인지라 어떤 방식으로든 눈에 띄는 아이들에게만 반응이 갔던 것이 사실이다. 묵묵하거나 아무것도 하지 않아서 눈에 띄지 않는 아이들에게 눈이라도 한 번 더 마주치고 다가가려고 노력하는 것이 진정으로 '모두'를 향해 가는 길이라는 생각이 들었다.

참여

"선생님, 왜 같이 해요?"

"재밌잖아"

"그렇긴 하네요"

컵타 수업을 할 때 모둠에 나도 같이 앉아서 연주하니 아이들이 왜 같이 하느냐고 물었다. 선생님은 보통 지켜보고 평가하거나 훈수를 두듯 가르치는 역할이라고 생각해 물어보는 것 같았다. 나의 이유는 정말 간단했다. '재미'였다. 아이들도 그 간단한 답에 공감하듯 바로 인정을 했다. 생각해 보니 나조차도 교사는 피드백을 해 주거나 알려 주는 직업이라고 인식해 왔는데, 한번 참여해 보니 왠지 모르게 마음 깊은 곳에서 웃음이 들렸다. 그냥 즐거웠다.

내 마음처럼 모든 반이 참여가 많았으면 좋겠지만, 유독 참여가 없는 반이 있었다. 몇몇 반에서는 아이들 반응도 좋고 분위기도 유쾌한 반면 참여가 없는 반은 전체적으로 시큰둥한 느낌을 받는다. 처음엔 이런 반을 수업하기 힘든 반으로 생각했었다. 하지만 그저 차분한 성향의 아이들이 많거나 수업에 집중하기 위해 말을 아끼는 것일 수도 있는데, 내가 섣부르게 생각하는 것이 아닐까 싶었다. 곰곰이 생각해 보면 교사인 나도 업무 관련해 교육청에 연수 들으러 가서 강사가 질문하면 '누군가 답하겠지'라는 생각으로 그냥 멀뚱멀뚱 쳐다보고 있거나, 눈이라도 마주치면 대답해야 될 거 같아서 먼 곳만 바라봤었다. 대답만 안 하고 싶으면 다행이었다. 연수 듣는 중간중간에 핸드폰도 하고 졸기도 하고 다른 생각도 했다. 나조차도 이런데 수업에서 보여주는 아이들의 분위기와 느낌만으로 수업하기 힘든 반으로 단정 지은 게 미안했다. 수업에서 질문마다 모든 학생들이 답하면 최상의 참여가 될 수 있겠지만, 대답을 안 하는 것도 참여가 될 수 있고, 말은 안 하지만 쳐다보고 있는 것도 참여가 될 수 있다. 참여라는 뜻을 찾아봐도 적극적이라는 단어는 어디에도 없이 단순히 '어떤 일에 관련됨'이라 되어 있다. 사전적 의미로는 이미 수업이라는 일에 교사인 나와 20명이 넘는 학생이 관련되어 있으니 참여가 된 것이기도 하다. 적극적이고 대답 잘하는 것만 참여라는 생각을 넘어 학생들 각자의 참여, 각자 자기만의 방식의 참여을 포용하는 것이 어쩌면 진짜 참여 '찐참여'로 갈 수 있지 않을까.

모두가 참여하는 수업

말 많은 학생, ADHD가 있는 학생, 자주 엎드려 있는 학생, 특수교육대상 학생 등 수업에서 맞닥뜨리는 학생들의 모습은 무수히 많다. 아직 겪어보지 못한 학생 유형도 많을 것이다. 수업으로 모인 우리 모두는 얼굴, 성격, 취미, 모든 게 다양하다. 중학교 수업 45분 동안 그 각기 다른 사람들이 모여서 하나의 주제를 가지고 배움을 나눈다는 게 절대 쉬운 일이 아니다. 그래서 교사들은 늘 각자 생각하는 좋은 배움의 방향을 위해 끊임없이 고민하고 연구한다.

나는 아이들이 음악을 통해 조금 더 자신의 마음에 대해 알고 그 마음을 표현할 수 있는 음악 수업을 하려고 늘 고민하고 계획한다. 어떤 주제를 잡아도 결론적으로 중요한 것은 아이들의 마음 표현이다. 언제부터인가 핸드폰, 인터넷과 같이 비대면으로 표현하는 게 더 익숙해진 세상이 된 것 같아 아이들이 적어도 음악 시간에는 함께하는 사람들 사이에서 솔직하게 표현해내면 좋겠다는 작은 희망을 가졌다. 당연히 쉽지 않고 어려운 일이지만, 0에서 당장 100을 만들려는 게 아니라 단 1이라도 성장한다면 그거면 됐다 싶었다. 그래서 다양한 수업에 도전하고 있다. 음악 DDR댄스, 인공지능 결합 음악 로봇 만들기 등 아직도 도전할 흥미로운 것들이 많다.

"네가 뭘 좋아할지 몰라서 다 준비해봤어"라는 말이 있듯이 학생들이 뭘 좋아할지 몰라서 다양한 영역을 계속 탐구하고 있다. 모두가 좋아하진 않겠지만 그렇다고 모두가 싫어하지도 않을 것이다. 그러니 모두가 참여할 수 있게 계속 연구해볼 생각이다.

인생을 살아가다 보면 잘하는 것과 해보고 싶은 것 사이에서 결정해야 하는 순간을 누구나 경험한다. 어쩌면 자주…. 수업에서도 마찬가지로 교사인 내가 잘할 수 있는 것과 요즘 트렌드에 맞는 것, 재밌어 보이거나 갑자기 떠오르는 아이디어 등 해보고 싶은 것

사이에서 고민하게 된다. 내가 잘할 수 있는 것은 수업 구상이 빠르게 되고 활동지도 신속하게 만들어진다. 반면에 해보고 싶은 것은 나도 처음 하는 거라 구상부터 수업의 전체적인 흐름과 그에 필요한 자료 및 활동지 모두 다 새로 만들어야 하고, 두려움이 들기도 한다. 사실 잘하는 것만 계속 한다고 해서 안주하느냐고 뭐라 할 사람도 없고, 해보고 싶은 것만 한다고 해서 주변에서 걱정할 사람도 없다. 어떤 수업이든 그것은 교사가 학생의 배움을 위해 열심히 계획한 것이기 때문이다. 기존 것을 계속 발전시켜나가는 것도 좋고, 새로운 시도를 계속하는 것도 좋다. 아이들 각자에게 배움이 커진다면 무엇이든 좋을 것이다. 그렇지만 나는 많은 교실에서 한 사람 한 사람 학생 모두를 참여시키려는 새로운 수업이 많이 생기기를 바란다. 교사의 새로운 도전은 학생들의 적극적인 참여와 도전으로 이어질 것이고, 모두가 참여하는 수업은 모두의 배움을 이끌어내고 싶은 교사의 염원이기 때문이다.

2부

과학,
함께 한 걸음 전진

김양숙

중학교 과학교사로 어떻게 하면 수업에 참여하지 않거나 못하는 학생들도 함께할 수 있을지 고민하고 있습니다. 다양한 학습자가 모두 참여할 수 있는 수업을 만들기 위한 과정에서 겪은 고민과 시도를 나누고자 합니다.

01

나는 어떤 교사가
되어야 할까

"과학 어려워요"

"과학은 공부해도 안 돼요"

"과학은 진작 포기했어요"

한 학급에 1~2명 정도 있을까. 과학을 정말 좋아해서 초롱초롱 눈에 빛을 내며 듣는 학생이. 그런가 하면 어쩔 수 없이 공부하는 학생이 대부분이다. 심지어 온몸으로 수업을 거부하는 학생마저 있다. 중학교 과학은 가르칠 개념이 많다. 열심히 배워두면 앞으로의 공부가 수월하지만 그렇지 않으면 이후 공부가 더 힘들어질게 뻔하기 때문에 소홀히 할 수 없다. 학습에 의욕이 없고 관심도 없는 무기력한 학생일수록 과학을 더 어렵게 느낀다. '과학은 공부해도 안 된다' '과학은 진작 포기했다'며 수업 시간에 멍때리고 손 놓고 앉아 있는다. 한두 마디 잔소리로 이 아이들을 변화시키기 어렵다 보니 점점 배제한 채 수업하고 있는 나를 발견하곤 한다. '과학 수업에만 이러겠지' '열심히 하는 과목이 있겠지'라며 내 마음 편한대로 생각하면서 말이다. 2주간의 수업 공개가 끝나고 수업나눔 평가 자리에서 국어 선생님이 상혁이, 민지, 우진이가 수업 시간에 아무것도 하지 않으려고 한다는 고민을 털어 놓았다. 이 말에 수학 선생님과 체육 선생님도 맞장구치는 게 아닌가. 이때 나는 적지 않은 충격을 받았다. 이 학생들은 내가 생각했던 것보다 훨씬 더 심각한 상황에 처해 있었던 것이다.

'이 학생들은 학교에서 무엇을 배워 가고 있을까?'

'학교는 이 학생들에게 어떤 곳일까?'

'왜 수업에 참여하지 못하는 것일까?'

'지금 이 학생들에게 필요한 것은 무엇일까?'

'무엇을 배우고 싶어할까?'

'어떤 선생님이 필요할까?'

'학교가 어떤 공간이길 바랄까?'

쉽사리 답을 찾기 어려운 질문들이 늘어만 간다.

그러나 학생들에 대한 답은 찾기 어렵더라도 교사로서 던지는 이 질문만큼은 꼭 답을 찾고 싶었다.

'나는 이 학생들을 위해 무엇을 해야 할까? 무엇을 할 수 있을까?'

교실에는 너무나도 다양한 학생들이 앉아 있다. 성취 수준도, 배움의 속도도, 자라 온 환경까지도 모든 면에서 다르고 차이가 있는 25명 내외의 학생이 한 공간에 앉아 있다. 나 때만 해도 교실에 비슷한 학생들이 많았던 것 같은데…. 평범한 성격에, 보통의 학생이라고 불리는 그런 학생말이다. 그런데 지금의 교실에는 어떤 학생이 평범하고 보통의 학생인지조차 구분하기 어렵다. 오히려 평범해서 평범하지 않은 학생처럼 보이기도 한다. 학생들 개별의 특성 스펙트럼이 점점 더 넓어지는 것 같다. 그렇다면 나는 누구를 위한 수업을 해야 할까. 나는 학생 한 명 한 명이 모두 배움을 실현하는 수업을 하고 싶다. 그것은 가능한가. 가능하다면 모두를 위한 수업은 어떻게 구성할 수 있을까.

이 질문에 대한 답을 찾기 위한 고민은 오늘도 진행형이다. 아마 정답은 아니어도 답은 있을 것이고, 그 답 가운데는 정답에 가까운 것도 있을 것이다. 다양한 도전과 시행착오는 교사로서 나를 더 현명하게, 또 학생들 모두의 배움을 키우게 만들어 줄 것이다.

민우
이야기

화학 단원에서 원소 기호를 배우던 날이었다.

"'Na'는 '나'라는 발음에서 알 수 있듯이 '나트륨'을 의미하고, 'Mg'는 'ㅁ, ㄱ' 발음이니깐 '마그네슘'인 거 금방 알겠죠. 앞으로 화학 공부를 하기 위해서는 교과서에 소개된 25개의 원소 기호는 반드시 익혀야 해요. 조금만 노력하면 다 외울 수 있으니까 모두가 만점 받는 쉬운 수행평가겠죠! 오늘은 평가 보기 전에 각자 공부할 시간을 줄게요. 평가는 원소 기호와 원소 이름이 앞뒤로 적힌 카드를 무작위로 섞은 후 'Na'가 나오면 '나트륨', '염소'가 나오면 'Cl' 이라고 망설임 없이 대답할 수 있어야 통과, 만점이에요. 카드로 공부할 학생들은 교탁에 카드 세트가 있으니 가져가서 활용하세요"

중2 민우는 예의 바르고 성실한 학생이지만 중요한 시기에 기초적인 학습 능력을 갖추지 못해 수업을 들을 때마다 배우는 것보다 학습 결손이 더 커져가는 학생이다. 그러다 보니 수업에는 관심도, 늘 의욕도 없이 앉아만 있다. 민우의 학습 결손은 짐작했던 것보다 더 심각했다.

"N은 무슨 발음 나지?"

"음…"

"그럼 a는 무슨 발음 나지?"

"음… 이?"

각자 공부하라고 시간을 준 지 몇 분 지나지 않아 벌써 평가를 보겠다고 나선 학생도 있었지만, 민우는 Na를 '나'라고 읽지 못하는 상태였다. 이런 민우에게 25개를 모두 외우는 것이 어떻게 쉬운 평가로 느껴질 수 있겠는가. 민우를 고려하지 않고 쉬운 평가라는 둥 모두가 만점 받는 수행평가라는 둥 가볍게 던진 내 말이 민우의 자존감을 더 떨어트렸을 것 같아 미안해졌다.

어떻게 도와야 할까, 민우를 도와줄 현실적인 방법을 찾아야 했다. 우선 민우에게 파닉스 발음으로 외울 수 있는 원소와 그렇지 않은 원소를 구분해주고, 한 번에 25개를 외우기 어려우니 조금씩 외워보자고 했다. 먼저 파닉스로 읽을 수 있는 원소 3개부터 시작해 2개씩 추가해가며 외워보자고 했다.

"오늘은 25개 원소 기호와 이름을 정확하게 읽는 수행평가 시간입니다. 평가 볼 마음의 준비가 되었다면 앞으로 나와 평가받으면 됩니다. 평가 기회는 무제한이지만, 이번 시간 내에 통과하지 못한 경우 개인적으로 선생님을 찾아와 평가받아야 합니다. 그리고 평가 기회가 여러 번 제공되는 만큼 원소 기호와 이름을 망설임 없이 정확하게 읽어야 합니다"

25명 기준으로 15명 내외는 주어진 평가 시간에 무난히 통과한다. 통과하지 못한 10명 중 7명 정도는 설렁설렁 외워 한두 개 실수해 통과하지 못한 학생이고, 나머지 3명 정도는 평가에 대한 불안감이 크거나 충분히 외우지 못해 평가를 포기하는 학생이다. 친구들이 보는 앞에서 평가를 보는 것이 부담스러웠던 학생은 조용한 교무실로 찾아와 평가를 본다. 하지만 민우처럼 파닉스조차 되지 않아 외우거나 평가받기를 포기한 친구들은 절대 스스로 찾아오지 않는다. 심지어 내가 다가가면 피한다. 또 누적된 학습 결손만큼이나 평가에 대한 누적된 실패 경험으로 일찌감치 스스로 공부하는 것을 포기해 버린 것 같아 보였다. 하지만 원소 기호는 다음 학습을 위해 반드시 익혀야 할 내용이기도 하고, 과학을 싫어

하거나 학습 결손이 심한 학생이라도 노력하면 외울 수 있다고 믿었다. 그래서 수행평가에 통과하지 못한 학생들을 볼 때마다 상냥하게 웃으며 "언제 평가 보러 올래?" "얼마나 외웠어?" "기다리다 목이 길어지는 것 같네~~" 등 선생님이 자신을 기억하고 있다는 것을 느낄 수 있도록 기분 좋은 재촉을 계속했다. 그 결과 민우도 용기를 내어 평가를 보러 왔다. 물론 민우의 첫 도전은 실패였다. 완벽하게 외우지 못한 민우를 배려한다고 쉽게 통과시켜 주면 다음 평가에 열심히 하지 않지 않을까 걱정되어 좀 더 괴롭히며 완벽하게 외울 수 있도록 도왔다. 25개 카드 중 외운 카드와 외우지 못한 카드를 분류하여 외우지 못한 카드만 여러 번 돌려가며 같이 외우기도 하고, 혼자 연습할 수 있도록 외우지 못한 카드를 빌려주기도 했다. 이렇게 해서 민우는 드디어 25개 원소를 완벽하게 외우게 되었다. 이렇게 되기까지 두 달이 걸렸다. 끝까지 포기하지 않고 찾아와서 도전해 준 민우가 너무 기특했다.

"Au가 뭐죠?"

교실에는 순간 정적이 흘렀다. 몇몇 학생들은 기억이 날 듯 말 듯 한 표정이었지만, 대부분의 학생들은 눈만 멀뚱멀뚱거리고 있었다. 그러다 잠시 후

"금이요!"

"누가 대답한 거죠?"

"민우요"

"민우? 진짜? 민우가 대답했다고?"

기말고사를 앞두고 배운 내용을 복습하던 중이었다. 원소 기호를 외운 지 꽤 시간이 지난 후라 아무도 대답하지 못해 정적이 흐르던 순간, 민우가 손을 번쩍 들며 "금이요!"라고 외친 것이다. 다른 아이들이 놀라서 "오~ 김민우~"라고 감탄사가 이어지자 민우의 얼굴이 붉게 달아올랐다. 원소 기호를 외우는 데 민우만큼 많은 노력과 시간을 투자한 학생은 없었다. 민우는 투자한 노력과 시간만큼 가장 오랫동안 원소 기호를 잊지 않고 있던 것이다. 그런 민우를 폭풍 칭찬하며 친구들과 함께 박수쳐 주었다.

내가 민우에게 가르친 것은 원소 기호였지만, 민우가 배운 것은 그 이상이었다. 2개월은 민우에게 힘들고 고통스러운 시간이었을 것이다. 별다른 가치를 느끼지 못하는 원소 기호를 외우려고 집중해서 되뇌이고, 선생님을 찾아와 여러 차례 평가를 반복해서 보는 건 쉽지 않고 한편으론 용기도 필요했을 것이다. 다른 친구들보다 몇 배는 더 힘들고 더 노력할 수밖에 없었을텐데, 다행이 그 결과가 좋았다. 이 과정에서 민우는 노력에 대한 성과를 얻었고, 자신도 노력하면 할 수 있다는 자기효능감과 자신감도 생겼을 것이다. 또한, 파닉스도 배우게 되었다. 무엇보다 교사와 친구들의 인정과 관심을 온몸으로 느끼게 되었다. 이 경험을 통해 민우는 내가 가르친 것보다 더 많은 것을 배운 것이다. 이는 이후 민우의 학습과 학교생활의 태도를 변화시켰다.

돌이켜 보니 나도 민우에게 배운 것이 있었다. 민우는 나에게 평가에 대한 새로운 관점을 가르쳐 주었다. 평가란 가르친 것을 잘 배웠는지 확인하는 과정이기도 하지만, 평가를 통해 학생 스스로의 능력을 확인하는 과정이기도 했다. 민우의 경우도 비록 더디게 성장했지만 결국 성장하지 않았는가. 민우에게는 성장할 능력이 충분했지만 그동안 배우고 익히는데 충분한 기회가 부족했던 것은 아닐까. 기다려 주지 않아서 성장할 기회가 없었던 것은 아닐까. 민우처럼 학습 결손이 크게 누적된 학생에게는 학습하는 데에 문턱이 더 높게 느껴질 것이었다. 학습의 시작부터 무력해지지 않도록 쉬운 것부터 시작해 조금씩 난이도를 높이고, 한 번에 끝내지 않고 천천히 필요한 단계에 오르도록 한 것은 무척 중요했다.

실패는 누구나 겪는 일이다. 도전이 실패로 끝나버리고, 또 반복해서 실패만 한다면 누가 도전하려고 하겠는가. 여러 번 실패했더라도 결국 성공한다면 앞서 겪은 실패는 성공의 과정인 것이다.

이런 성공 경험이 자주 반복되면 실수와 실패를 두려워하거나, 배움과 도전을 주저하지 않게 될 것이다. 교사가 학생들에게 가르치는 것은 지식 내용만큼이나 지식을 학습하는 태도라는 생각이 들었다. 실패가 두려워 도전하지 않으면 아무것도 이룰 수 없다. 아직 어린 청소년들이 너무 일찍 무기력해지거나 학습과 도전을 멀리하는 모습을 보는 것은 교사로서 너무 슬픈 일이다. 그래서 더욱 실패를 두려워하지 않고 도전하고 노력한다면, 성공할 가능성이 높아진다는 것을 학생들에게 경험하게 하고 싶었다. 특정 시점의 학습의 단면만을 평가하지 않은 것은 사람을 변화시키고, 성장하도록 이끄는 데 효과적이었다. 평가의 진짜 의미는 무엇인지, 또 학습과 평가를 어떻게 조화시켜야 하는지에 대해 깊이 고민하게 된 중요한 계기였다.

재도전이 가능한
수행평가

1.

"8점이네"

"망했네"

"안 봐도 돼요"

"만점이다"

"넌 몇점이냐?"

"너도 2점? 나도 나도"

"죄송합니다. 다음 수행평가는 잘 볼게요"

평가 결과를 알려주면 학생들은 틀린 내용보다 점수에만 관심
을 보인다. 채점 기준을 설명해도 잘 듣지 않는다. 왜 감점됐는지

도 듣지 않는다. 틀린 내용을 이해 못 한 것 같아 다시 설명해주려 해도 괜찮다고 한다. 평가 결과는 학생들이 자신의 학습 성취도를 확인할 수 있는 중요한 자료이다. 하지만 많은 학생들은 평가 결과를 확인할 때 틀린 내용을 확인하는 것보다 점수에만 관심을 갖는다. 생각해 보면 학창시절 나도 그랬던 것 같다.

왜 점수에만 신경 쓸까? 학생들이 점수에만 관심을 가지는 이유는 여러 가지가 있겠지만, 그 중 가장 큰 이유는 점수가 확정되었기 때문이 아닐까 생각한다. 점수와 평가가 마침표 역할을 하여 학습을 일회적으로 만드는 것은 아닐까? 평가가 끝나고 점수를 얻었다 하여 배운 학습 내용에 의미를 잃는다면 이것은 문제일 것이다. 만약, 평가를 다시 볼 수 있다면 그때도 점수만 확인할까? 시험과 평가를 학습의 도구와 과정으로 삼아야 마땅하지 않을까? 나는 평가를 재도전 할 수 있게 바꾸어 학습의 동기로, 또 다른 비계로 쓰기로 했다.

재시험이 가능한 수행평가를 공식적으로 평가계획에 담아야겠다는 생각으로 여러 선생님들께 자문을 구했다.

"공정한 평가 같지 않다"

'성취 수준이 다른 아이들에게 같은 잣대로 평가를 보는 것이 공정한 것인가?'

"평가만 보다 진도는 언제 나가냐"

'맞다. 진도 나가기 늘 바쁘다'

"점수 변별이 안 난다"

'변별이 필요한가? 변별해서 뭐하지?'

"그러다 다 만점 받으면 어떻게 하느냐"

'그럼 모두가 성취 기준에 도달한 것이니 훌륭한 거 아닌가?'

"평가계획에 어떻게 쓸 것이냐"

'글쎄… 그건 아직 고민이다'

"한 번에 만점 받은 학생들은 손해 보는 거 아니냐"

'우리가 공부를 손익 계산하면서 해야 하는 것인가? 그리고 다른 친구가 높은 점수를 받은 게 왜 먼저 만점 받은 학생에게 손해가 되지?'

"학생들이, 학부모들이 받아드릴 수 있는 평가겠느냐"

'음… 이게 쉽게 받아들일 만한 평가가 아닐 수 있구나'

선생님들의 의견과 피드백에도 내 안의 의문은 계속되었다. 나는 학생과 학부모, 그리고 선생님들에게 중학교 수행평가의 진정한 목적이 무엇이라 생각하는지 묻고 싶어졌다.

나는 학생들이 배워야 할 것을 잘 배웠는지 확인하는 것이 평가의 일차적인 목적이라 생각한다. 평가 결과 점수가 낮다면 그

것은 배워야 할 것을 잘 배우지 못했다고 해석해야 맞는 것이 아닐까. '내 수업 방법에 문제가 있나?' 또는 '점수가 낮네? 더 열심히 가르쳐야겠군' 이렇게 간단히 정리하고 그 다음 내용을 가르치는 것이 과연 맞는 것일까? 학교에서 보는 평가의 목적은 학생들의 등수를 매기기 위함이 절대 아니다. 교사는 교과 지식을 가르치고, 아이들이 그것을 잘 배웠는지 확인하는 교육의 한 과정이 평가다. 그런데 아이들이 잘 배우지 못했다면 다시 가르쳐야 맞는 것이 아닐까. 그런데 진도 계획이라는 것에 맞추어 진도를 나가야 하는 것이 현실이다. 그럼 앞선 내용을 제대로 배우지 못한 친구들은 어떻게 하는가. 그리고 다음 평가에서 또 다시 낮은 점수를 받지 않기 위해서 아이들은 무엇을 할 수 있을까. 학교에서 제대로 배우지 못한 아이들이 학원을 찾고, 앞으로 볼 평가에서 높은 점수를 받기 위해서 또 학원을 찾게 되는 건 아닐까. 평가가 학생들과 학부모를 이렇게 만든 건 아닐까.

2.

"선생님이 생각하는 평가는 내가 가르친 내용을 잘 배웠는지 확인하기 위함입니다. 평가점수가 낮다면 잘 배우지 못한 것이어서, 잘 배우지 못한 친구들이 다시 배우고 익힐 수 있도록 도와야 한다고 생각합니다. 그런 친구들을 돕기 위한 방법으로 평가의 기회를 한 번으로 제한하지 않고 원한다면 제한된 기간 동안 몇 번을 평가받든 상관없이 시험 볼 수 있는 기회를 주려고 합니다. 선생님이 원하는 것은 모두가 다 잘 배워서 모두 만점 받는 거예요. 이렇게 평가 본다고 하면 몇몇 친구들은 '한 번에 만점 받은 학생은 억울한 것 아닌가요'라고 생각할 수 있지만 그렇게 생각하지 않았으면 좋겠어요. 한 번에 만점 못 받은 친구가 두 번째 시험이라고 쉬울까요? 두 번째 시험에서 쉽게 만점 받는 친구는 없어요. 첫 시험에서 만점 받은 친구들보다 어쩌면 더 많은 시간과 노력을 투자해서 어렵게 받은 점수일 겁니다. 그 친구들이 재시험을 보기 위해 할애한 시간과 노력을 높이 평가하고 싶은 거예요. 이게 첫 시험에 만점 받은 친구가 억울할 일은 아닐 겁니다. 그리고 첫 시험에 만점 받은 친구들은 그 누구보다 열심히 공부하고 노력한 친구라는 거 알아요. 그래서 그 친구들에게는 교과세부능력특기사항(이하 과세특)에 선생님이 쓸 수 있는 가장 아름다운 말을 적어 줄 거예요. 과세특이 어떤 의미인지는 여러분에게 서로 다르겠지만 그렇게라도 노력한 학생들을 칭찬할 겁니다. 선생님이 왜 재시험을 보려고 하는지, 평가를 어떤 의미로 여기는지 이해해 주길 바래요. 혹시 선생님의 이런 평가에 대해 다른 의견이 있는 친구들은 지금 또는 개인적으로 찾아와서 이야기해도 좋습니다. 그럼 충분히 이야기 나눈 후에 평가계획을 확정하도록 할게요."

신학년 첫 수업 오리엔테이션 시간은 첫 단추를 채우는 시간이다. 어떤 내용을 공부하게 될지, 어떤 평가를 보게 될지, 그리고 수업에서 서로가 지켜야 할 규칙에 대해 안내하며 재도전이 가능한 수행평가에 대한 나의 생각도 전한다. 나의 진심이 잘못 전해져 다시 단추를 채우는 일이 일어나지 않도록 말이다. 다행히 나를 이해해 준 학생들 덕분에 지금까지 이렇게 수행평가를 보고 있다.

"이 평가지 찍어가도 돼요?"

"왜 틀린 거예요?"

"언제 다시 시험 볼 수 있어요?"

"와~ 이걸 잘못 쓰다니. 미쳤다"

평가 점수를 확인하는 학생들의 반응이 변했다. 평가를 변화시켰더니 학생들의 반응도 따라 변한 것이다.

모든 수행평가를 재도전이 가능한 평가로 보진 않는다. 실험 평가의 경우 실험실이나 실험 도구 이용 문제 등 제약들이 있어 실험 평가를 제외한 나머지 수행평가에 한해 재도전이 가능하다. 수업 시간에는 진도 나가기도 빠듯해 재도전은 일주일 정도 기간을 정해 점심시간 30분 정도를 할애하여 치뤄진다. 월요일부터 금요일까지 평가 기간을 열어주면 많은 학생들이 목요일이나 금요일에 몰려온다. 반면에 월요일과 화요일에 오는 학생들은 숨은 보석 같은 학생인 경우가 많다.

- 성실하나 배움과 학습 속도가 느리고 평가에 대한 자신이 없어서 매일 평가보러 올 작정으로 월요일부터 오는 학생
- 선생님의 말을 가장 잘 듣고 실천에 옮기는 특수교육대상 학생
- 한 번도 수행평가에서 감점된 경험이 없어 놀란 가슴으로 달려오는 학생(여기에는 영재고나 과학고 진학을 생각하는 나름 공부 좀 한다며 자신감 넘치는 학생들 포함)

월요일과 화요일은 재도전하는 학생들이 많지 않기 때문에 평가 결과를 바로 채점해 주고도 시간 여유가 있다. 그때 보충설명이 필요한 학생들에게 무엇이 틀렸고 어떻게 표현해야 하는지 방법을 자세히 피드백 해 줄 수 있다. 그렇게 피드백 받은 학생 중에 만점 못 받은 학생은 단 한 명도 없다. 실은 이 학생들을 위해 재도전이 가능한 평가를 하게 된 것이다. 이 학생들이 조금 더 공부할 수 있도록 기회를 주고 또, 노력한 만큼 평가점수를 받을 수 있도록 말이다. 이 친구들 외에도 재도전이 가능한 수행평가에 수혜를 보는

친구들은 더 있다. 바로 덤벙대는 학생들이다. 늘 2%가 부족해서 1점씩 감점되는 학생들이 있지 않은가. 이 친구들은 조금만 주의 깊게 평가에 임한다면 완벽하게 답을 할 수 있는 학생들이지만 점수에 크게 연연하지 않아 야속하게도 실수를 한다. 이 학생들은 점수에 연연하지 않기 때문에 처음에는 재도전 하려고도 하지 않는다. 그런데 자기보다 점수가 낮던 친구들이 재도전으로 만점을 받는 모습을 보며 위기감을 느낀 것인지 금요일쯤 와서 재도전에 참여한다. 그때 이 친구들은 첫 평가에서보다 몇 배는 더 진지하게 평가에 임한다. 금요일이기 때문에 이번에도 감점이 되면 더 이상 도전할 기회가 없기 때문이다. 이렇게 재도전 평가는 배움과 학습 속도가 느린 친구 뿐만 아니라 더 다양한 학생들에게도 분명 도움이 된다고 나는 믿는다.

2학기 수업준비를 위해 1학기 마지막 시간에 설문한 결과 중 일부이다.

'재도전이 가능한 수행평가는 과학 공부에 도움이 되나요?'

5점 척도 중 5점(매우 그렇다) 64.5%, 4점(그렇다) 18.1%로 80%가 넘는 학생들이 도움이 된다고 응답했다.

'수업 받으면서 좋았던 점이나 기억에 남는 점을 적어 주세요'

- 수행평가를 재도전 할 수 있는 점이 기억에 남는다.
- 시험 재도전이 가능했던 점이 좋았다.
- 수행을 볼 때 실수를 해버려서 만점을 못 받았었는데 도전을 다시 할 수 있어서 좋았고 재도전 덕분에 만점을 받아서 좋았다.
- 수행평가 재도전이 가능해서 공부를 더 해볼까라는 생각이 더 많이 들어서 공부를 더 잘 할 수 있었다.
- 재도전 가능한 수행평가를 보는게 좋았다.
- 2학기 때도 재도전 가능한 수행이 있었으면 좋겠다.

재도전이 가능한 수행평가를 나만의 착각으로, 고집으로 하는 건 아닌가 싶어 1학기를 마무리하며 설문으로 학생들의 마음을 들여다 보고 싶었다. 그런데 이처럼 재도전 가능한 평가에 대한 긍정적인 이야기가 많았다. 재도전 수행평가로 조금 더 열심히 공부한 학생들이 적어준 글들이 다음 학기에도 또, 다음 학년에도 이 평가를 계속할 수 있게 하는 나의 원동력이다. 내심 부정적 평가도 있지 않을까 걱정했는데 건의하고 싶거나 하고 싶은 말을 적어달라는 질문에는 재도전 평가에 대한 이야기가 하나도 없었다. 이 또한 감사한 일이었다. 하지만 재도전이 가능한 평가를 모든 과목에서, 모든 평가에서 적용하는 것을 바람직하다고 생각하지는 않는다. 그래서 지금도 고민한다. 교육의 중요한 부분으로서 평가가 학생의 학습 성취도를 확인하고, 학생의 학습 능력을 향상시키고, 학생의 학습과정을 개선해 줄 수 있는 좋은 평가 방법이 되도록 하려면 어떠해야 하는지 더 나은 답을 찾아서 말이다.

⟨04⟩

성공경험

'놀이기구 자이로드롭 타 본 사람?'

'자이로드롭은 왜 아래로 떨어질까요?'

'자이로드롭을 타고 내려올 때 빠르기는 어떤가요?'

'내려오면서 왜 점점 빨라지죠?'

'손에 들고 있는 칠판 지우개를 놓으면 어떻게 될까요?'

'왜 떨어지죠?'

'더 높은 곳에서 떨어뜨리면 바닥에 닿는 순간 빠르기는 어떻게 변할까요?'

수업을 할 때 도입 단계에 흥미를 유발하기 위해 질문을 많이 던진다. 쉽게 답할 수 있는 질문들이지만 누구도 선뜻 대답하지 않는다. '왜 대답하지 않을까?' '나를 무시하는 건가?' '귀찮아서 대답 안 하는 건가?' '내 말을 듣고는 있는 건가?' 대답을 기다리는 동안 이런 부정적인 감정이 커져 간다. 이런 감정으로 답을 재촉해 봐야 나아지는 것은 없다. 여전히 묵묵부답이다. 전략을 바꾸어 보았다. 틀린 대답이든, 모르겠다는 반응이든, 어떤 반응이라도 보여주는 학생을 칭찬하는 것으로 말이다. 물론 장난치는 반응과는 구분하려고 했다.

아무도 답하지 않는 분위기에서 자신의 생각을 말하는 것은 용기 있는 일이다. 대답이 틀릴 수도 있는데 이를 감수하고 말하는 것도 용기가 있어야 하고, 모르는 것을 모른다고 솔직하게 말하는 데에도 용기가 필요하다.

그래서 나는 용기 내어 반응을 보여 준 학생을 칭찬하려고 애썼다. 고개를 끄덕이거나 좌우로 흔들거나, 어떤 식으로든 반응해 준 학생을 칭찬한다. '칭찬은 고래도 춤추게 한다'는 말처럼 칭찬으로 태도가 바뀌며 성장하는 학생을 발견할 수 있다. 그러니 이를 패러디 하여 나는 이렇게 쓴다.

'성공 경험은 무기력한 학생도 도전하게 한다'

배움이 느린 학생, 학습 속도가 느린 학생, 학습 동기가 낮은 학생, 지적장애가 있는 학생, 심지어 무기력한 학생 가운데서도 성공 경험을 맛 본 학생들이 나에게 보이는 의리가 하나 있다.

"다른 수업은 다 자도 선생님 수업은 안 자요"

이 아이들을 깨운 것은 무엇일까. 이 아이들을 변하게 한 것은 무엇일까. 교실에서 자신의 존재감과 역할, 교사의 관심과 칭찬이 아닐까. 이 모든 것을 통틀어 나는 성공 경험이라 표현한다.

"아무도 대답하지 않는 적막한 교실 분위기를 현주가 바꾸어 줬어. 과학 수업의 분위기 메이커~(엄지척)"

"답은 비록 틀렸지만 당당하게 대답한 용기 있는 자, 준서를 칭찬합니다!"

"시범 실험 멋지게 도와 준 민성이 너무 고마워~ 다음에도 또 부탁해!"

"(사고 실험에서) 재현이의 연기력이 친구들을 수업에 몰입시켰어. 재현이 최고!"

"동민이가 도와줘서 수업이 훨씬 수월했어. 고마워~" 등등 진심으로 칭찬한 것이 이 학생들에게는 긍정적인 경험이 되었던 것이다. 학습에 어려움을 겪는 학생은 자신의 능력에 대한 의구심은 크고, 자신감은 부족해 수업에 소극적이고 그러다 보니 학습에 흥미를 잃기 쉽다. 이러한 학생들에게 긍정적인 성공 경험을 제공하는 것은 학습에 흥미를 높이고 자신감을 키우는 데 도움이 된다.

에듀테크를 활용한 게임형 복습 퀴즈는 학생들이 좋아하는 활동 중 하나이다. 이전에 배운 내용을 기억해야 오늘 수업이 가능한 그런 날 주로 활용한다. 게임형이라 퀴즈가 시작되면 긴장감 넘치는 음악이 흘러나온다. 빠르고 정확하게 풀수록 높은 점수를 얻는다. 이는 어쩌면 지극히 당연하다. 그렇지만 무엇이든 느린 학생에게 빠르게 수행해야 하는 활동을 시킨다면 시작도 전에 지레 포기하기 쉽다. 누구보다 느린 자신을 잘 알고 있을테니 말이다. 그것이 읽기 속도이건, 타자 속도이건, 복습이 덜 됐건, 데이터 문제이건 마찬가지다. 그래서 나는 속도보다 정확하게 아는 것에 초점을 맞춘다. 나는 빠르고 정확하게 활동한 학생은 물론, 속도와 관계없이 정확하게 수행한 학생에게도 아낌없이 칭찬한다. 모두가 정확하게 활동할 수 있도록, 활동 과정에서 최선을 다할 수 있도록 오픈북도 허용한다. 참고할 수 있는 교과서 페이지를 알려주면 성취 수준이 낮은, 학습 결손이 큰 학생도 책을 참고해서 활동에 열심히 참여할 수 있다. 책을 참고할 수 있으니 '나도 게임형 복습퀴즈에 승산이 있다'고 여기며 말이다. 그리하면 지난 시간 내용을 복습도 하게 되고, 오늘 배울 내용의 기초도 마련하게 된다. 이렇게 그 순간에 몰입하고 집중함으로써 하나라도 더 알고 익히게 된다면 교육적 성과는 무척 높은 것이 아닐까.

"아~ 아깝게 하나 틀렸네"

"선생님, 저 다 맞았어요"

"저도요"

배움이 느린 학생들이 퀴즈 활동이 끝나자마자 아쉽다며, 또는 다 맞았다며 신나서 이야기한다.

"사람이라면 한 문제 정도야 실수할 수 있지~"

하나 틀린 학생을 포함해서 퀴즈를 모두 맞춘 학생에게 작은 과자를 나누어주며 "수업 듣다 졸리면 먹으면서 오늘 수업도 열심히 들어보자"한다. 그러면 신나서 "네네!" 자신있게 대답하고 수업에도 열심히 참여한다.

성취 수준이 높은 학생도 똑같이 책을 참고할 수 있다. 의외로 학업 성적이 높은 학생 가운데는 자만해서, 덤벙대다 문제를 정확히 읽지 않아서 복습 퀴즈를 모두 맞추지 못하기도 한다. 그래서인지 이 활동은 배움이 느린 학생, 학습에 대한 자신감이 부족한 학생들이 성취 수준이 높은 학생보다 더 좋은 결과를 얻기도 한다. 성취 수준이 높은 학생은 오류를 바로잡고, 배움이 느린 학생은 자신감을 얻어 본 차시 수업에 집중한다. 이러고 나면 다음번 복습형 퀴즈활동에서는 더 많은 학생이 더 좋은 결과를 얻는다. 이렇게 긍정적인 경험들이 쌓여 '과학은 어렵다'고 하던 학생들이 과학은 여전히 어렵지만 '재밌다'고 이야기한다. 이런 말을 들을 때 교사로서 가장 큰 보람을 느낀다.

학습 속도가 느린 학생은 빠르게 수행하는 학생에 비해 상대적으로 뒤처진다는 생각에 위축되기 쉽다. 그래서 빠르게 하는 것보다 정확하게 수행하는 것을 더 중요하게 여길 수 있도록 격려하고 칭찬한다. 조금 늦으면 어떤가. 끝까지 포기하지 않는 것이 더 중요하지 않은가. 배움이 느린 학생은 결과에 집착하기보다 과정에 최선을 다하는 것을 목표로 삼는 것이 좋았다. 교사로서 결과보다 과정에 초점을 두고, 학생이 최선을 다할 수 있도록 환경을 조정하고 응원해 주는 것이 중요하다.

재도전이 가능한 수행평가도 학생들에게 성공 경험을 주기 위해서 도입한 평가 방법이다. 하지만 배움이 느린 학생, 학습 속도가 느린 학생, 지적장애가 있는 학생, 학습동기가 낮은 학생, 무기력한 학생은 재도전 평가에서도 한 번, 두 번의 실패, 세 번 네 번의 실패를 겪는다.

"지난 번 보다 훨씬 잘 썼네"

"너무 아깝다. 쪼옴만 더 공부하면 패스할 수 있겠어"

"아우 속상해!! 선생님이 더 속상하다. 그래도 처음보단 엄청 나아졌다. 열심히 하니깐 좀 더디긴 해도 잘 풀리지!" 등등 응원을 담았다.

MBTI 유형 중 T형에다 뼛속까지 이과 성향이라 팩트 폭력을 그 누구보다 잘하는 내가 반복된 연습으로 학생들을 공감하고 응원해 준 덕분인지 끝까지 포기하지 않고 힘을 내 준다. 그리고 여러 번 실패하고 다시 도전하는 힘든 과정을 이겨낸 후 결국 성공해 낸다. 성공을 경험하는 순간 그 동안 힘들었던 실패들이 모두 미화되어 잊혀지고 '나도 할 수 있다'고 자신의 능력에 자신감이 붙는다. 그러면서 공부에, 학습에 흥미가 생겨난다. 교실 안 모두의, 또 각자의 성장이 느껴지는 분위기가 만들어진다.

"빨래가 잘 마르기 위한 환경은?"

"아침마다 학교 현관에서 체온 측정은 무엇으로 하나요?"

"공기보다 가벼운 헬륨이 든 풍선을 손에서 놓치면 풍선은 어떻게 되나요?"

"비나 눈이 내리려면 무엇이 우선 만들어져야 할까요?"

"깜깜한 하늘에 작고 반짝이는 그것, 무엇일까요?"

"우리가 사는 지구의 하늘에 떠 있는 가장 밝은 별은 무엇일까요?"

"과연 외계인은 있을까요?"

이런 질문에 직접 답하지 않았더라도 질문에 대한 답이 떠오르는 경험만으로도 학생들에게는 긍정적인 경험이 될 수 있다. 그래서 가능하면 질문은 쉽게 답할 수 있거나 어떤 대답이든 답이 될 수 있는 열린 질문을 하려고 애쓴다.

정답이 있는 질문에 틀린 대답을 한 학생에게도 성공 경험을 줄 수 있다. '선생님이 기대한 답은 아니지만 소신껏 대답한 서현이를 칭찬해' '이미 정답을 알면 수업할 재미가 없지! 수업이 끝날 때쯤 정답을 맞출 수 있도록 열심히 공부해보자'라며 틀린 대답을 한 학생에게도 얼마든지 긍정적 피드백을 줄 수 있다. 비록 정답을 말하진 못했지만 대답한 용기를 인정받고, 아직 배우지 않아서 답하지 못하는 것임을 확인받는 것도 긍정적인 성공 경험이 될 것이라고 생각한다.

등속 운동과 자유낙하 운동을 배우던 어느 날, 학생들이 나에게 다가와 이런 말을 했다.

'선생님, 저 물리랑 잘 맞는 것 같아요'

'물리가 왜 어렵다는 거죠?'

'물리 어렵다고 해서 겁먹었는데 할만 해요.'

중등 과학의 물리 단원은 개념도 어렵고 수학적 계산능력도 필요하다. 그래서 많은 학생들이 시작도 하기 전에 겁먹고 포기해 버리는 단원 중 하나이다. 어떻게 하면 포기하지 않고 배움에 도전하게 할 수 있을까 고민 끝에 세 단계로 수준이 다른 적용문제를 담은 학습지를 만들어 활용했다. 수준에 맞는 학습지를 개별로 배부하면 낮은 수준의 학습지를 받은 학생이 창피해 할까 싶어 학습지의 앞뒷면을 활용하여 개념정리 부분과 난이도가 다른 step1, step2, step3 문제를 실어 모두에게 동일한 학습지를 나누어 주었다. 우선 교과서로 개념을 설명하고, 다음으로 학습지에 개념을 정리하면서 내용을 조직화하여 쉽게 기억할 수 있도록 했다. 그런 다음 낮은 수준의 O, X 문제나 힌트가 제공된 문제부터 풀어 보면서 차츰 step2, step3 문제로 난이도를 높여 가도록 했다. 학생들은 낮은 수준의 문제를 풀면서 학습에 대한 성취감을 느끼고, 그 성취감은 다음 step을 도전하게 하는 원동력이 된다. 그렇게 학습을 지속시켜 어렵게만 느껴지던 물리 단원이 할만 한 단원으로 바뀌게 된 것으로 생각한다. 어려운 내용을 학습할 때일수록 스몰 스탭의 효과는 크다. 첫 도전에 실패하면 다음 도전이 있기 어렵지 않은가. 어려운 내용을 학습할 때일수록 단계를 작게 쪼개어 누구라도 스몰 스탭으로 도전하도록 해 보자. 그리고 그 도전에서 긍정적인 성공경험을 갖게 도와준다면 무기력한 학생까지도 계속 도전하게 만들 수 있을 것이다.

모두 참여 수업

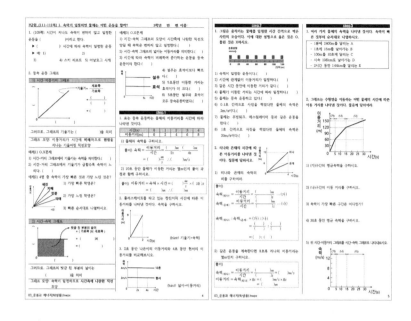

1. (10똑쪽) 시간이 지나도 속력이 변하지 않고 일정한 운동을 ( )이라고 한다.
▶ ( ) : 시간에 따라 속력이 일정한 운동
▶ 예 1)   2)
3) 스키 리프트 5) 에날로그 시계

2. 등속 운동 그래프

1) 시간-이동거리 그래프

그러므로, 그래프의 기울기는 ( )를 의미
그래프 모양: 이동거리가 시간에 비례하므로 원점을 지나는 기울어진 직선모양

예제1) O,X문제
1) 시간-거리 그래프에서 기울기가 속력을 의미한다.( )
2) 시간-거리 그래프에서 기울기가 급할수록 속력이 느리다.( )

예제2) 4명 중 속력이 가장 빠른 것과 가장 느린 것은?
1) 가장 빠른 학생은?
2) 가장 느린 학생은?
3) 빠른 순서대로 나열하시오.

2) 시간-속력 그래프

그러므로, 그래프의 빗금 친 부분의 넓이는
( )를 의미
그래프 모양: 속력이 일정하므로 시간축에 나란한 직선모양

예제3) O,X문제
1) 시간-속력 그래프로 모양이 시간축에 나란한 직선으로 말할 때 속력은 변하지 않고 일정한다.
2) 시간-속력 그래프의 넓이는 이동거리를 의미한다.( )
3) 시간에 따라 속력이 비례하며 증가하는 운동을 등속 운동이라고 한다.( )

4) 봉우는 효석이보다 빠르다.( )
5) 5초동안 이동한 거리는 효석이가 더 크다.( )
6) 5초동안 설무와 효석이 모두 등속운동이다.( )

Step 1

1. 표는 등속 운동하는 물체의 이동거리를 시간에 따라 나타낸 것이다.

시간(s)	0	1	2	3	4
이동거리(m)	0	2	4	6	8

1) 물체의 속력을 구하시오.
풀이) 속력 = 이동거리/시간 = ( )m/( )s = ( )m/s

2) 10초 동안 물체가 이동한 거리는 몇 m인지 풀이 과정과 함께 구하시오.
풀이) 이동거리 = 속력 × 시간 = ( )m/s × ( )s = ( )m

2. 롤러스케이트를 타고 있는 창희의 시간에 따른 이동거리를 나타낸 것이다. 속력에 따른 이동거리를 구하시오.

(hint! 기울기=속력)

3. 2초 동안 나은이의 이동거리와 4초 동안 현서의 이동거리를 비교하시오.
풀이)
속력 = 이동거리/시간 = ( )m/( )s = ( )m/s

(hint! 넓이=이동거리)

Step 2

1. 그림은 운동하는 물체를 일정한 시간 간격으로 찍은 사진의 모습이다. 이에 대한 설명으로 옳은 것은 O, 틀린 것은 X하시오.

1) 속력이 일정한 운동이다.( )
2) 시간에 관계없이 이동거리가 일정하다.( )
3) 같은 시간 동안 이동한 거리가 같다.( )
4) 물체가 이동한 거리는 시간에 따라 일정하다.( )
5) 물체는 등속 운동하고 있다.( )
6) 0.1초 간격으로 사진을 찍었다면 물체의 속력은 2m/s이다.( )
7) 물체는 무빙워크, 에스컬레이터 등과 같은 운동을 한다.( )
8) 1초 간격으로 사진을 찍었다면 물체의 속력은 30m/s이다.( )

2. 리나와 은세의 시간에 따른 이동거리를 나타낸 것이다. 질문에 답하시오.

1) 리나와 은세의 속력의 비를 구하시오.
풀이)
속력(리나) = 이동거리/시간 = ( )m/( )s ···(가)
속력(은세) = 이동거리/시간 = ( )m/( )s ···(나)

속력(리나) : 속력(은세) = (가) : (나)
= ( ) : ( )
= ( ) : ( )

2) 같은 운동을 계속한다면 8초후 리나의 이동거리는 몇 m인지 구하시오.
풀이)
속력 = 이동거리/시간 = ( )m/( )s
이동거리 = 속력×시간 = ( )m/s × ( )s = ( )m

Step 3

1. 여러 가지 물체의 속력을 나타낸 것이다. 속력이 빠른 것부터 순서대로 나열하시오.

- 1분에 2400m를 달리는 A
- 1초에 15m를 날아가는 B
- 100m를 10초에 달리는 C
- 4초에 108m로 날아가는 D
- 2시간 동안 144km를 달리는 E

2. 그래프는 수평면을 이동하는 어떤 물체의 시간에 따른 이동 거리를 나타낸 것이다. 물음에 답하시오.

1) (가)구간의 평균속력을 구하시오.
2) (나)구간의 이동 거리를 구하시오.
3) 속력이 가장 빠른 구간은 어디인가?
4) 30초 동안 평균 속력을 구하시오.
5) 위 시간-이동거리 그래프를 시간-속력 그래프로 나타내시오.

동기부여
하는 방법

3월 첫 수업은 첫 단추를 끼우는 중요한 시간이다. 나는 이 시간을 아주 중요하게 생각한다. 왜 과학 공부를 해야 하는지, 수업에서 허용되는 행동과 절대 해서는 안 되는 행동 등 나의 생각을 전달하고 학생들을 이해시키는 시간이기 때문이다.

"시험 잘 보려고"

"좋은 대학가려고"

"해야 될 것 같아서"

"엄마가 하래서"

"돈 많이 벌려고"

'공부를 왜 하니?'라고 물으면 나오는 대답들이다. 나의 중학교 때 경험을 풀어가며 왜 공부하고, 어떻게 공부해야 하는지 앞으로의 과학 수업에 대해 이야기를 나눈다.

"선생님은 초등학교 때 공부를 잘하지 못했어요. 공부란 게 뭔지 몰라서, 어떻게 공부해야 하는지 몰라서 힘들게 공부했던 기억이 나요. 힘들었던 그 시기를 버텨내면서 나에게 맞는 공부 방법을 찾게 되었고, 공부하는 방법을 터득하면서 조금씩 성적이 오르기 시작했어요. 그래서 여러분에게 자신있게 말할 수 있어요. 남들보다 조금 늦게 시작해도, 공부한 만큼 언젠가는 성적이 오른다는 것을요. 물론, 어떻게 해야 오를지, 언제 오를지는 사람마다 다 달라요. 어떤 학생은 교과서를 여러 번 읽으면 공부가 되고, 어떤 학생은 요약정리를 해야 하고, 또 문제를 많이 풀며 공부하는 학생도 있지요. 여러분의 공부 스타일은 어떤가요? 또, 공부한 성과가 나타나는 시기도 다 달라요. 당장 중간고사에 성과가 나타나는 학생도 있지만, 1년 후 또는 5년 후에 성과가 나타나는 학생도 있답니다. 그렇지만 언젠가는 성과가 나타나고 보상 받을 수 있어요. 하지만 믿고 노력한 자만이 그 보상을 받을 수 있을 거예요. 선생님은 공부 잘하는 학생은 기억하지 못해도, 열심히 노력하는 학생은 기억하고 늘 응원할 거예요"

"과학 공부는 왜 하는 것일까요? 우리가 모두 과학과 관련된 일을 하진 않을 텐데 말이죠. 과학 수업에서는 과학 지식도 배우지만 그것보다 지식을 탐구하고 이해하는 방법을 배워야 해요. 무언가를 탐구하고 이해하는 능력은 과학과 전혀 관계없는 일을 하더라도 반드시 필요한 능력이기 때문에 우리 모두가 꼭 배워야 합니다. 과학 지식이 어려워서 포기하고 싶은 마음이 들더라도, 지식을 탐구하고 이해하는 경험까지 포기하지는 않길 바래요"

이렇게 학생들에게 학습동기를 북돋우려 노력한다. 과학 지식을 어려워하는 학생들이 지식을 탐구하고 이해하는 경험마저 포기해 버리지 않도록 말이다. 그리고는 수업에 집중할 수 있는 방법에 대해 이야기한다.

"수업 시작 종이 치면 수업 준비를 해야 하죠? 어떤 준비를 해야할까요?"

"교과서를 펴요"

"제 자리에 앉아요"

"필기도구를 준비해요"

여러 답들이 나오지만 내가 원하는 정답이 아직 나오지 않았다. 나올 때까지 좀 더 기다린다. 힌트를 주어서라도 학생의 입에서 내가 원하는 답이 나올 수 있도록 유도한다.

"교과서가 없어도, 자리를 옮겨 앉아도, 필기도구가 없어도 이

것만 준비된다면 수업에 집중할 수 있어요. 과연 이게 뭘까요?"

정적이 흐르다 결국 누군가의 입에서 내가 원하는 답이 나온다.

"공부할 마음의 준비를 해요"

무엇을 하든 마음의 준비가 가장 중요하다는 이야기를 하며, 그럼 마음의 준비는 어떻게 해야 하는지 다시 묻는다. 과학을 좋아하는 학생은 따로 마음의 준비를 하지 않아도 수업에 흥미를 갖고 집중할 수 있다. 그렇지 않은 학생들에겐 마음의 준비가 중요하다. 마음의 준비라고 해서 대단한 것은 아니다.

"과학은 싫지만 선생님이 좋으니깐 열심히 참여해야지"

"선생님은 싫지만 과학은 좋으니깐 열심히 참여해야지"

"과학도 선생님도 싫지만 피할 수 없으니 즐겨야지"

"기왕 하는거 열심히 해서 나의 능력치를 올려야지" 등 많을 것이다.

각자의 선호, 역량, 상황 등이 모두 다르기 때문에 수업에 임하는 마음의 준비도 서로 다를 수 있다. 하지만 마음의 준비를 하는 것과 하지 않는 것은 수업에 대한 의미부여이기 때문에 그 결과는 확연히 다를 수 밖에 없다.

그리고는 수업에 집중할 수 있는 방법으로 넘어간다.

"눈이 나빠서 잘 안 보이는데 저 앞으로 옮겨 앉아도 되죠?"

"앞 친구에 가려서 칠판이 잘 안 보이는데 줄 안 맞춰도 되죠?"

"학습지 안 받고 그냥 책에다 필기할래요"

"패드 꺼내서 필기해도 되죠?"

"에어컨 바람이 너무 강해서 자리 옮겨 앉았어요"

교실 뒤편 스탠딩 책상에 서 있는 학생도 있고, 수업 도중 조용히 일어나 교실 뒤편에서 맨손 체조를 하는 학생도, 젤리나 사탕을 먹는 학생도 있다. 내가 가르치는 과학 수업에서만큼은 모두 허용되는 행동들이다.

다른 학생들에게 방해가 되지 않는 범위에서 각자가 수업에 집중할 수 있는 방법이라면 그 어떤 방법도 허용한다고 안내한다. 단, 이를 악용한다면 서로 불쾌한 상황이 생길 수 있으니 절대 악용하지 않도록 당부도 빼먹지 않는다. 그리고 스스로 수업에 집중하기 위해 노력한 학생은 잘 관찰해 두었다가 자기관리 능력이 뛰어난 학생이라고 과세특에 적어 주기도 한다.

5교시가 과학 수업인 8반의 건우는 수업 시작과 동시에 스탠딩 책상으로 옮겨간다. 점심을 먹고나면 자기도 모르게 졸게 되는 것 같다며 마치 자기 책상인 마냥 늘 서서 수업을 듣는다. 과학 수업뿐만 아니라 다른 교과 시간에도 선생님께 미리 말씀드리고 스탠딩 책상에서 수업 듣기도 한다는 이야기를 들었다. 내가 원한 것이 바로 이런 것이다. 학생 스스로 공부하기 위한 학습 환경을 조정하고 이를 허용하는 분위기. 이것이야말로 바람직한 교실과 학교의 모습이 아닐까. 책상 줄이 조금 삐뚤면 어떻고, 자기 자리에 앉지 않으면 또 어떠한가. 졸려서 껌을 씹겠다면 허락해 주어도 괜찮지 않을까? 끄덕끄덕, 도리도리. 선생님 질문에 이렇게 반응을 보이는 학생들도 칭찬받아 마땅하다. 소극적이지만 수업에 집중하고 참여하고 있으니 말이다. 질문에 오답을 이야기 한 학생도 칭찬해야 한다. 정답을 이미 알고 있다면 가르칠 이유가 없지 않은가. 질문에 답한 모든 학생은 칭찬받아야 마땅하다. 그래야 다음 질문에도 대답하지 않겠는가. 이렇게 학생들이 각자의 방법으로 수업에 집중하고 참여할 수 있는 분위기와 환경을 조성하는 것은 학생들의 학습 효율성과 자기 주도성, 흥미와 동기를 증진시키는 데 도움이 된다.

이렇게 내 수업의 교실 분위기는 점점 더 민주적이고 허용적으로 변하고 있다. 교사와 학생은 수평적인 관계로 학생의 의견과 생각을 존중하는 분위기로 말이다. 이런 노력은 학생의 자율성과 창의성을 키우고, 교실에서의 학습 만족도를 높이는데 도움이 된다. 그러나 이러한 허용적인 교실 분위기 속에서도 고민이 되는 순간들이 있다.

"선생님, 이 활동 재미없어요"

무임승차를 할 수 없는 활동을 하려 할 때 수업에 적극적이지 않은 학생이 오만 인상을 쓰며 싫은 내색을 보인다.

"모둠공부 하기 싫어요"

모둠에 친한 친구가 없는 경우 모둠공부가 도움이 안 된다는 둥, 자리 옮기기 귀찮다는 둥 또 오만 인상을 쓴다.

"오늘은 모둠공부 안 해요? 맨날 모둠공부 해요"

반대로 모둠에 친한 친구가 있는 경우 매일 모둠공부 하자고 한다. 모둠 활동을 하기 위한 것이 아니라 친한 친구와 놀겠다는 마음이 그대로 읽힌다. 더욱이 모둠공부 하기 싫다는 친구들이 있든 말든 자기 생각만 한다.

"지난 시간에 열심히 공부했으니깐 오늘은 놀아요"

정말 지난 시간에 열심히 공부한 학생이 이런 말을 한다면 '그래 하루쯤은 놀아 볼까' 하고 싶지만 그렇지 않은 학생이 이런 말을 할 때는 혀 끝까지 화가 오른다. 어쩌면 저런 말을 눈 하나 깜빡이지 않고 할 수 있는 것일까.

이런 학생들의 태도에는 어떻게 반응해야 할까. 이러한 학생들의 태도는 교실 분위기를 혼란스럽게 만들고 다른 학생들의 학습권을 침해하기도 한다. 허용적인 교실 분위기를 유지하면서도 이런 학생까지 포용할 수 있는 방법은 없을까. 답을 쉬 찾지 못하고 있다. 여전히 이런 고민을 품고서 오늘도 수업하고 있다. 수업 시작에 앞서 학생들에게 "오늘 하루도 열심히 공부해보자"라고 다독이며 마음의 준비를 시키고 수업에 집중할 수 있도록 환경을 조성하려 한다. 그리고 수업 속에서 자신감을 갖고 참여할 수 있도록 끊임없이 칭찬하며 긍정적인 경험을 할 수 있도록 도우려 한다. 이것이 내가 할 수 있는 최선이다.

수업을 힘들게 하는
학생을 활용하는 법

"우리 반에서 가장 존재감이 뿜뿜인 학생이 누굴까… 민서야, 시범 실험 좀 도와줄래?"

학급에는 학습 동기는 낮으나 튀는 행동을 하며 관심 받기 좋아하는 학생들이 한 명씩은 있다. 이런 친구들이 초임 땐 나를 가장 힘들게 한 학생이었다. 수업 흐름을 깨고 이상한 농담으로 친구들을 웃게 만드는 등 통제하기 어려운 존재였다. 그런데 요즘은 이런 친구를 빨리 발견해서 수업에 잘 활용하고 있다.

시범 실험을 처음 부탁하기 전 민서는 수업 시간에 늘 핸드폰을 만지거나 옆에 있는 친구와 장난치거나 아무말 대잔치로 수업 흐름을 깨는 학생이었다. 그런 민서에게 시험 문제에도 낼 예정인

모두 참여 수업

중요한 시범 실험임을 강조하며 부탁했더니 마치 과학자라도 된 것처럼 진지하고 멋지게 시범 실험을 해 보이는게 아닌가. 그리고 칭찬하며 친구들의 박수까지 받게 했더니 그 시간 이후로 자기에게 멋진 역할을 또 달라는 눈빛을 보내왔다. 수업을 방해하기보다 조금씩 수업에 관심을 갖고 참여하기 시작했다. 여러 학급에서 수업에 잘 참여하지 못하거나 어려워하는 학생들을 학생 대표로 시범 실험에 참여시킨 결과는 여러모로 성과가 있었다. 해당 학생에게 성취감도 느끼게 하고 수업에 긍정적으로 참여시킬 수 있었다. 수업 방해 요소가 줄어드니 수업 분위기가 좋아진 것도 덤으로 따라왔다.

"오늘은 도현이를 상대로 사고 실험을 해 볼까 해요"

장난을 잘 받아주는 도현이는 사고 실험 대상으로 활용한다. 예를 들어 "선생님이 뾰족한 구두를 신고 도현이 발등을 밟을 때와 운동화를 신고 도현이의 발등을 밟을 때 언제 더 아플까요? 자, 모션으로 사고 실험을 한번 해 볼게요" 도현이에게는 두 경우 뭐가 더 아플지 생각해서 리액션을 보여달라고 부탁했다. 그러면 모두들 도현이의 리액션을 기다리며 같이 사고 실험에 참여하게 된다. 예상대로 도현이는 아주 확실한 리액션으로 교실을 한바탕 웃음바다로 만들었다. 혹시 도현이가 잘못된 리액션을 했더라도 상관 없다. 왜 그렇게 생각했는지 묻고 설명을 해주면 된다. 이 과정에서 도현이는 그 누구보다 수업에 적극적으로 참여했고 사고 실험 결과를 틀리게 예상했더라도 결국 압력의 의미를 이해해 자기 입으로 설명까지 했으니 어느 때보다 열심히 참여한 수업이었을 것이다. 그리고 쉽게 잊혀지지 않는 내용이 되었을 것이다.

"학습지가 부족하네. 우진아, 선생님 심부름 좀 해줄 수 있어?"

우진이는 담임 선생님을 가장 힘들게 하는 학생이다. 매일 지각하고, 쉬는 시간 복도에 먹구름을 만들어 몰려다니고, 장난이랍시고 한 행동들은 사고가 되고, 주의력결핍 장애까지 있는 고난도 학생이다. 학습지가 부족해서 교무실에 복사 심부름을 부탁할 학생을 찾고 있는데 제일 앞자리에 앉은 우진이가 자기를 보내 달라고 신호를 보낸다. 심부름 가는 데에 다른 목적이 있는 건 아닌가 의심스럽긴 했지만 '믿을 만한 우진이니깐 부탁드리지요!'라며 정중히 부탁했다. 수업이 끝나고 우진이가 교탁을 정리하고 있던 나에게 다가와서는 매일 심부름을 시켜 달란다. 왜냐고 물으니 수업 시간에 선생님 심부름 가는 친구들은 다들 회장이거나 공부 잘하는 친구들이어서 부러웠다는 것이다. 그 다음 말은 의외여서 더 기억

모두 참여 수업

에 남는다. 교무실에 가서 학습지 복사 심부름을 왔다고 하니 '우진이가?' '선생님이 너를 시켰어? 무슨 과목 시간인데?'라며 묻더라는 것이다. 우진이는 당당히 과학 수업 시간에 다른 애들도 심부름 가겠다고 했는데 선생님이 자기를 보냈다며 자랑하듯이 이야기했다고 한다. 교무실의 선생님들이 '과학 선생님이 우진이를 이뻐하나 보다' '과학 시간에는 열심히 하나 보다' '심부름도 도와주고 우진이 다시 봤어' 했다는 것이다. 우진이는 그동안 수업 시간에 심부름 가던 친구들이 정말 부러웠던 걸까? 아님 딴 생각으로 심부름을 갔는데 교무실 선생님들의 반응으로 마음이 변한 걸까? 진실은 우진이만 알 것이다. 나는 진실이 크게 궁금하진 않았다. 그날 이후 나는 일부러 심부름 거리를 만들어 몇 번 더 우진이를 보냈다. 그리고는 '선생님 심부름 하느라 못 들은 부분 다시 설명해주겠다'며 옆에 붙어서 몇 번 친절히 설명해주자 우진이도 천천히 수업에 관심을 갖고 함께하는 학생이 되었다.

"재혁아 보조교사가 필요한데 도와 줄래?"

재혁이는 매일 가슴에 인형을 끌어안고 있는 무기력 끝판왕인 학생이다. 조금만 관심을 주지 않으면 어느새 엎드려버리고 마는 그런 학생이다. 어떻게 하면 재혁이를 앉아 있게 할 수 있을까. 이

날은 기말고사 준비를 위해 각자 공부하도록 한 자습 시간이었다. 자습하라는 말을 자는 시간이라고 자체 해석한 재혁이는 인형을 베개 삼아 끌어안고 취침 준비를 하고 있다. "재혁아, 자습시간인데 공부할 게 없어? 그럼 보조교사가 필요한데 선생님 좀 도와 줄래? 앞 반 활동지 채점을 해야 하는데 선생님이 바빠서 채점을 다 못 했어. 채점 좀 같이 해줄 수 있어? 답지는 여기 있고 맞은 문제에는 O, 틀린 문제에는 X로 표시해주고, 틀린 문제 하나당 1점으로 3문제 틀리면 -3점 이렇게 점수까지 써줘. 할 수 있겠어?" 귀찮다는 오만 인상을 썼지만 불쌍한 표정으로 재혁이에게 채점을 부탁했다. "재혁이 천재 아냐?" 23문제 활동지 5장을 채점하면서 정답을 모두 외워버린 게 아닌가. 단답형 또는 OX문제라 답이 복잡하진 않았지만 그래도 답을 외우기는 쉽지 않았을텐데 말이다. 나는 일부러 천천히 하면서 한 장이라도 더 재혁이가 채점하도록 답안지를 재혁이 쪽으로 옮겨 놓았다. "와~ 얘는 맞은 게 없네" "하하하 맨날 공부 잘한다고 잘난 척 하던 지훈이 3개나 틀렸네" 재혁이는 채점하면서 다른 반 친구들의 점수를 보며 평을 하고 있었다. "재혁아, 하나만 부탁하자. 원래 선생님이 채점해야 하는 건데 선생님이 바빠서 재혁이한테 부탁한 거잖아. 다른 반 애들이 재혁이가 채점했다고 하면 기분이 안 좋을 것 같아서. 그래서 재혁이가

146   모두 참여 수업

채점한 걸 비밀로 했음 좋겠는데. 그니깐 다른 반 친한 친구한테라도 너 몇 개 틀렸더라~ 이런 말 절대 안 했으면 좋겠어. 선생님 부탁 들어줄 수 있어? 이건 너와 나만의 비밀이야!" 학창시절 나도 친구들과 비밀을 공유하며 끈끈하게 의리를 지켰던 경험이 있다. 재혁이와 나 사이에 비밀은 그렇게 지켜졌고, 그날 이후로 재혁이와 나는 눈빛으로 통하는 사이가 되었다. 재혁이는 선생님과 비밀을 공유한 사이니, 우리는 이제 엄청 끈끈해질 것이었다. 이건 나만의 착각이 아니었다.

"진원아~ 친구들 학습지 잘 채우고 있는지 한 바퀴 돌아봐 주라"

진원이는 아주 산만한 학생이다. 단 하루도 나에게 가만히 있으라는 지적을 받지 않은 날이 없을 정도였다. 수업에 방해가 되는 행동을 반복하는 진원이를 어떻게 하면 좋을까, 고민 끝에 공식적으로 진원이가 움직일 수 있는 틈을 주면 어떨까란 생각이 들었다. 자기 학습지를 얼른 채우고 다른 친구들이 학습지를 잘 채우고 있는지 확인하도록 해 보았다. 단, 자기 학습지를 우선 채워야 한다는 조건을 붙였다. 그랬더니 정말 열심히 자기 학습지를 채운 후 다른 친구들이 학습지를 잘 채우고 있는지, 마치 선생님이라도 된 것처럼 돌아다니면서 확인하는 게 아닌가.

"얘 학습지 안 하고 딴짓해요"

"그건 선생님이 지도할게요. 진원이는 둘러보기만 해줘요"

그 다음부터는 소리는 내지 않고 온몸으로 딴짓하는 친구들을 나에게 알려준다. 그러면 나는 진원이가 알려준 것이 아닌 척 자연스럽게 그 학생을 지도하러 간다. 그렇게 진원이는 나의 또 다른 눈 역할을 해주었다. 괜찮은 방법 같았다. 그래서 쉬는 시간 진원이를 불러다 은밀하게 이야기를 나눴다. "진원아, 오늘 진원이가 딴짓하는 친구들 알려줘서 다른 친구들도 열심히 공부할 수 있었던 것 같아. 그래서 말인데… 다음 시간에도 진원이한테 둘러봐 달라고 부탁해도 될까? 그런데 매번 진원이한테만 부탁하면 다른 친구들이 왜 진원이한테만 둘러보게 하냐고 물을 것 같아. 그래서 진원이가 학습지 제일 먼저 해 주면 학습지 다한 진원이한테 부탁하는 것처럼 보일 테고 그러면 애들도 뭐라고 하지 않을 것 같은데… 다음 시간에도 오늘처럼 학습지 열심히 먼저 해 줄 수 있겠어?"진원이의 대답은 우렁찬 네!였다. 학습지를 먼저 채우기 위해서는 선생님 설명을 잘 들어야 한다는 것도 경험을 통해 배웠는지 설명할 때도 열심히 듣기 시작했다. 학습지를 먼저 채우지 못해 다른 친구가 자기 역할을 대신 하는 날은 정말 아쉬워하는 눈빛을 보냈다. 그러면 나도 아쉽지만 먼저 채운 학생이 있으니 어쩔 수 없다는 눈빛을 보냈다.

　나는 매 수업을 민서, 도현이, 우진이, 재혁이, 진원이 같은 학생들만 바라볼 수 없다는 걸 안다. 교사 한 사람이 모든 학생에게 관심과 애정을 줄 수 없다는 것도 안다. 그렇기에 가장 효율적으로 관심과 애정을 써야 하는 것인지도 모른다. 러셀 바클리(Russell A. Barkley)의 말은 나에게 영감을 준다.

　'가장 사랑이 필요한 아이는 언제나 가장 사랑스럽지 않은 방식으로 사랑을 요청한다'

　청소년에게 적절한 소셜미디어 영상 길이가 5분 이내라고 한다. 우리가 만나는 학생들의 집중력이 이렇게 짧아진 것이다. 더군다나 학습동기가 낮은 학생, 장난치기를 좋아해 수업 흐름을 깨는 학생, 주의력결핍 장애가 있는 학생, 무기력에 빠진 학생 등 수업시간 45분을 온전히 견디는 게 불가능해 보이는 학생들은 점점 늘어나고 있다. 그럼에도 불구하고 이 학생들을 수업에 참여시켜야 하지 않겠는가. 이러한 학생들을 수업에 참여시키기 위해서 먼저 학생과의 긍정적인 관계를 형성하고, 학생들에게 적절한 역할과 책임을 부여한 것이 도움이 되었다. 쉽지만은 않았지만, 수업을 힘들게 만드는 학생을 내편으로 만들어 수업에 활용하면서 큰 고민이 조금은 해결되었다. 내편으로 만드는 가장 좋은 방법은 그 학생을 유심히 관찰하는 것이었다. 적을 알고 나를 알아야 백전백승이다란 말을 여기에 인용하는 것이 온당한지 알 수 없지만 나를 가장 힘들게 만드는 학생을 제대로 알아야 내편으로 만드는 방법을 찾을 수 있지 않겠는가. 자신을 가장 힘들게 만드는, 수업에 가장 참여하지 않는 학생이 있다면, 지금부터 그 학생을 유심히 관찰해보길 바란다. 관찰 탐구를 하다 보면 학생에 대한 이해와 판단이 설 것이고, 그 결과를 해석하다 보면 좋은 결론을 도출할 수 있을 것이다. 장점이 단점이기도 하고, 반대로 단점이 장점이 될 수도 있지 않은가.

모두 참여 수업

협력교수

1.

어떻게 하면 모두가 참여하는 수업을 만들 수 있을까?

모든 학생들이 잘 배울 수 있도록 어떻게 도울 수 있을까?

수업을 준비할 때마다 늘 고민이다. 교사의 마음은 항상 모든 학생들의 관심과 흥미를 고려해서 즐겁게 참여할 수 있도록 수업을 구성하고 싶다. 하지만 일 대 다의 교실 환경에서 다양한 학습자들의 관심과 흥미, 개별 특성과 상황, 수준을 모두 고려하기란 불가능에 가깝다. 거기에 더해 각종 행정업무로 수업 준비할 시간도 충분하지 않다. 그렇지만 어렵다고 포기할 성질의 것도 아니다.

학생들은 과학을 참 어려워한다. 어려워하는 과목이 과학뿐만

이 아니겠지만 학생들에게 '과학은 어려운 과목이다'라는 이야기를 참 많이 듣는다. 기초학력이 부족한 학생들은 더욱 더 그렇게 느끼는 것 같다. 그래서 늘 나의 수업 고민은 '어떻게 하면 더 쉽게 가르칠까' '어떻게 하면 잘 이해시킬 수 있을까' '어떻게 하면 어렵게만 생각하는 과목을 할만한 과목으로 바꿔줄 수 있을까'로 향해 있다. 그러던 어느 해 지적장애 특수교육대상 학생을 맡게 되었다. 일반 학생들도 어려워하는 과목이라 특수교육대상 학생에게는 얼마나 더 어렵게 느껴질까 생각하던 그때 특수 선생님께서 제안을 하나 하셨다.

"선생님, 저와 같이 수업해 볼래요?"

"같이요?"

특수교육대상 학생이 포함된 통합학급 과학 수업에 특수 선생님이 들어오셔서 배움이 느린 학생들을 돕겠다는 것이다. 물론, 배움이 느린 학생에는 특수교육대상 학생을 포함한다는 의미였다. 협력교수가 뭔지도 모른 채 수업을 도와준다는 말에 바로 오케이(OK)했다. 너무 고민 없이 승낙한 것일까. 차츰 걱정이 밀려 오기 시작했다. '그럼 매 수업에 들어오시는 건가?' '중3은 2학기 기말고사를 일찍 봐서 진도가 늘 빠듯해 주로 강의식 수업을 해야 할 것 같은데 이런 수업에도 협력교수가 가능한가?' '매일 누가 내 수업을 보고 있다고 생각하니 좀 불편한데?' '너무 생각 없이 결정했나' 후회가 밀려왔다. 그런데 이미 수업계에 시간표 조정도 부탁해 둔 상황이고, 협력교수 할 생각에 기뻐하던 특수 선생님께 이제 와서 못 하겠다 말할 용기도 나지 않았다.

"모든 수업에 도움이 필요하진 않을 것 같아요. 모둠활동이나 실험 실습처럼 도움이 필요한 수업에만 협력교수 해 주시는 건 어떨까요?"

"그래요. 그치만 협력교수 하기로 했는데 협력하는 수업이 너무 없는 것도 좀 그러니 4차시 중에 한 차시 정도는 활동이나 실험 실습 수업이 아니더라도 들어가면 좋겠어요. 그건 괜찮을까요?"

내가 협력수업을 부담스럽게 느끼는 걸 눈치채셨는지 특수 선생님은 나의 타협에 응해 주셨다.

그렇게 첫 협력교수가 시작되었다. 혼자서는 엄두도 내보지 못한 다양한 복습 퀴즈놀이도 해보고, 교실에서 과학 실험도 도전해봤다. 늘 안전사고 때문에 부담스러워 하지 못했던 실험 수업도 특수 선생님의 도움을 받아 순조롭게 진행할 수 있었다.

실은 이보다 강의식 수업에 더 많은 도움을 받았다. 늘 관심이 필요한 학생, 아직도 이전 수업 단원을 펴 놓고 있는 학생, 수업 도중 어느 페이지를 공부하는지 헤매는 학생, 졸고 있는 학생, 수업만 시작하면 늘 아프다는 학생, 호기심에 가득 차 질문이 많은 학생, 틈만 나면 딴짓을 시도하는 학생, 배움이 느린 학생까지 혼자서는 감당하기 어렵고 손이 많이 가는 학생을 함께 지도하니 수업이 무척 수월해졌다.

협력교수는 배움이 느린 학생의 학습을 돕기 위해 시작한 것이었지만 일반 학생들까지도, 심지어 선행 학습을 마친 학생까지도 필요한 순간에 도움을 받았다. 이 매력에 빠진 학생들이 이젠 혼자 수업에 들어가면 '오늘은 왜 혼자 오셨냐' '서진 샘 모셔 와라' '오늘 수업은 재미없겠네'라며 특수 선생님을 찾게 되었다. 나도 특수 선생님을 원하는 건 마찬가지였다. 그러다 보니 통합학급 수업은 늘 수월하고, 성취 평가 결과도 일반학급보다 조금 더 높게 나타나는 경향을 보였다. 그래서 특수 선생님께 농담 반 진담 반으로 "일반학급 수업에도 들어와 주시면 안 돼요?" 묻기도 했다.

나는 협력수업, 협력교수가 어떤 것인지 정확히 모르고 시작했다. 실은 무엇인지 궁금하지도 않았다. 그냥 내 수업을 같이 고민해 주는 파트너가 생기고, 도움이 필요한 많은 학생을 함께 도와줄 또 다른 교사가 있는 수업 정도였다. 특수 선생님께서 나에게 함께 '협력교수 해봐요'라며 제안한 이야기 속에서 협력교수의 의미를 내 나름대로 해석하고 이해한 것이 전부였다. 당시에는 이것 말고 더 알아야 할 것이 없었다. 나와 특수 선생님은 거창한 협력수업을 하겠다고 계획을 세우고 매일 몇 시간씩 수업을 고민하지는 않았다. 아니 할 수 없었다. 수업이 가장 중요하다는 것은 알지만 그것만 할 수 없는 상황, 모두가 알지 않은가. 그저 그동안 내가 해왔던 일상적인 수업에 특수 선생님이 들어오셨을 뿐이었다. 그런데도 나는 협력수업에 금방 긍정적 효과를 보았다. 바로 통합학급 학생 그 누구도 수업에서 소외되지 않고 함께했다는 것, 내가 가장 바라오던 그 수업이 이루어진 것이다.

"협력수업, 해 보니깐 좋더라구요"

협력수업에 대해 묻는 선생님들에게 내가 하는 말이다. 나는 지금도 협력교수로 수업한다. 달라진 것은 내가 들어가는 통합학급의 모든 차시 수업을 협력교수 하고 있다는 것이다. 그것도 내가 먼저 특수 선생님께 부탁드려서 말이다.

이 좋은 걸 나 혼자 할 순 없지 않은가. 그래서 소문내 본다.

기회가 된다면, 아니 기회를 만들어서라도 꼭 협력교수 해보세요~라고!

2.

"선생님도 과학 잘해요?"

어느 날 한 학생이 이렇게 묻는 게 아닌가. 특수 선생님을 뭘로 보고.

협력교수를 어떻게 해야 할지 고민하면서 시작한 첫 해, 주로 설명식 수업을 하다 보니 특수 선생님은 수업에 집중하지 못하는 학생들을 챙기는 것이 주 역할이 되어 가던 때였다. 특수 선생님을 수업을 보조하러 온 사람으로 여기는 것이었다. 생각해보니 교실에 들어갈 때 나는 앞문으로, 특수 선생님은 뒷문으로 들어간 것, 설명식 수업으로 내내 내가 수업을 이끈 것, 노트 검사나 평가에 대한 피드백도 늘 내가 했던 터라 그렇게 생각할 수 있겠다 싶었다. 이날 이후로 교실에 들어갈 때 특수 선생님과 함께 앞문으로 들어갔다. 어떤 날은 내가 먼저 들어가기도 하고, 또 어떤 날은 특수 선생님이 먼저 들어가기도 하며 말이다. 누가 알아차릴까 싶을 정도의 사소한 행동들이지만 이 수업을 맡은 교사가 더 이상 주와 부로 구분되어 보이지 않도록 신경 썼다. 하지만 중요한 개념이나 원리를 설명하는 부분은 내가 맡을 수 밖에 없었다.

그러다 특수 선생님이 먼저 여러 제안을 해 주셨다.

"선생님, 제가 복습용 퀴즈를 만들어 활동시켜 보면 어떨까요?"

"기말 고사 끝난 후에 '컬링 속 과학'이라는 주제로 활동 수업 준비해 봐도 될까요?"

모두 참여 수업

나로써는 감사한 일이었다. 적극적인 특수 선생님의 성향이 파악된 나도, 나의 성향이 파악된 특수 선생님도 조금 더 편하게 고민과 의견을 나눌 수 있게 되었다. 그렇게 통합학급 과학 수업은 내 수업에서 우리 수업으로 변해갔다.

특수 선생님은 복습용 퀴즈놀이 활동과 '컬링 속 과학'처럼 과학 원리가 적용된 예를 소개하는 수업을 맡아주셨다. 뿐만 아니라, 교과서에 수록된 우주팽창 실험과 시차 확인 실험 등 해보기 실험 수업도 진행해 주셨다. 평가 준비도 함께 하고, 고사 문제도 함께 검토했다. 물론 이원목적분류표에 서명도 함께 했다. 학생들에게도 질문은 두 교사 모두에게 할 수 있고, 평가에 대한 검사도 함께 한다고 안내했다. 그랬더니 배움이 느린 학생도, 선행 학습한 학생도 두 교사를 구분하지 않고 가까이 있는 선생님에게 필요한 도움을 청하기 시작했다.

특수 선생님과는 가능한 한 모든 학생들이 잘 배울 수 있도록 돕기 위한 모든 과정과 고민을 공유하고 함께 방법을 찾으려고 애썼다. 그러면서도 특수 선생님이 너무 힘들어하시지는 않을지 신경써야 했다. 특수 선생님은 나와 함께 하는 협력수업 외에도 다른 교과 협력수업과 통합지원반(개별반) 수업도 해야 했기 때문이다. 거기에 특수교육대상 학생이 일반학교에 통합되어 생활하기 위해서는 통합학급 담임교사와 여러 교과 교사들의 지원까지 해야 할 일이 많았다. 몸이 열 개라도 부족해 보였지만 의미있는 협력수업을 위해 기꺼이 특수 선생님은 힘을 내어 함께해 주셨다.

3.

해원이는 지적장애가 있는 학생이다. 특수교육대상 학생이지만 공개되는 것을 원치 않아 친구들은 해원이가 특수교육대상인지 모른다. 말수가 적고 조용하지만 고집이 세다. 결과는 늘 아쉽지만 맡겨진 일과 역할이라면 책임감을 가지고 열심히 한다. 결과가 자기 마음에 들지 않으면 아무리 옆에서 잘했다고 칭찬해도 속상해하며 좌절하고 우울해 한다. 그러다 보니 수업 시간엔 늘 소극적이다. 답을 아는 질문에도 쉽게 입을 떼어 대답하지 못하니 그 어떤 말도 걸기 조심스러운 그런 학생이다. 그렇지만 해원이는 통합학급에서 조금만 도움을 받으면 충분히 교과수업을 따라 갈 수 있을 정도의 능력이 있었다. 하지만 특수교육대상 학생인 해원이에겐 성적이 중요하지 않다는 이유로, 도움이 필요한 학생이 해원이 말고도 많다는 이유로, 또 적극적으로 도움을 요청하지 않는다는 이유로 도움의 손길이 닿지 않는 경우가 많았다. 특수 선생님은 그런 해원이를 돕고자 협력교수를 제안했던 것이다. 특수 선생님이 해원이를 직접 돕든, 아니면 교실에 있는 다른 학생들을 도와주면 교과 선생님도 해원이를 도와줄 여력이 생기지 않을까란 마음이었을 것이다.

"성민아, 엎드리지 말고 일어나서 이것 좀 해보자. 선생님이 도와줄게"

"해원아, 지금 여기 설명하고 계셔"

"도연아, 여기 빈칸에는 어떤 말이 들어가야 할까?"

"해원아, 여기 답이 틀린 것 같은데. 교과서 91쪽에 나와 있는 내용이니깐 한번 다시 읽고 답해 보자"

"영석아, 활동지 다 했으면 이거 해 볼래?"

"해원이 활동지 다 채웠네. 잘했어"

해원이를 돕기 위해 협력교수 하는 것이지만 티나지 않게 도와주기 위해 특수 선생님은 일반학생들도 함께 지원해 주신다. 그래서 특수 선생님의 도움으로 수업에 소외되는 학생 하나 없이 모두 필요한 도움을 받을 수 있었다. 특수 선생님은 항상 일반학생을 먼저 돕기 시작했다. 해원이가 자기 때문에 들어온 것이라고 생각하지 않게 말이다. 그렇게 일반학생들을 도우며 자연스럽게 해원이까지 도울 수 있었다. 처음에는 조금 더 친숙한 특수 선생님이 적극적으로 해원이를 도왔다. 그 사이 나는 다른 학생들을 챙길 수 있었고, 이후 역할을 바꾸어 내가 해원이를 돕고 특수 선생님이 다른 학생을 도왔다. 그렇게 특수 선생님과 나는 수업 속 빈틈을 찾아 메워가며 우리의 수업을 채워 갔다.

'온대 저기압과 우리 나라에 영향을 미치는 기단'에 관한 서·논술형 수행평가 시간이었다. 만들기 부분과 논술형 질문에 답하는 부분으로 나누어진 수행평가였다. 평가 시간에도 특수 선생님과 함께 했다. 재도전이 가능한 수행평가여서 채점 기준이 까다로워 평가를 보는 내내 학생들의 질문이 많을 수 있었다. 그 질문을 혼자 다 받을 수 없어 특수 선생님께도 미리 평가지와 채점 기준을 공유하고 함께 평가를 진행했다. 예상대로 평가 보는 내내 많은 질문들이 있었고 특수 선생님 덕분에 수월하게 질문을 받아 줄 수 있었다.

"해원아, 평가 잘 본 것 같아?"

"아뇨, 분명 아는데 생각이 안 나서 한참을 고민하다 겨우 썼는데… 틀린 것 같아요. 틀렸을 거에요"

그동안 열심히 한 해원이를 봐서는 평가 결과와 관계없이 만점을 주고 싶은 마음이야 굴뚝같았지만 그것이 해원이에게 도움이 될 것 같지 않아 일반 학생들과 같은 기준으로 평가했다.

"선생님, 저 진짜 다 맞았어요? 재도전 안 해도 돼요?"

한 학급에 10명 정도 만점자가 나왔다. 그 중 한 명이 해원이었다.

"해원이가 다 맞았다고?"

"내가 해원이보다 못 봤다고?"

평소 해원이 점수를 아는 학생들의 반응이었다. 하지만 해원이 귀에는 들리지 않는 모양인지 친구들 반응에 동요하지 않았다. 해원이는 자기가 다 맞았다는 사실에 놀라 친구들의 반응에 신경쓰질 않았다. 평소 해원이였다면 친구들 반응에 속상해서 울었을 텐데 말이다. 작고 큰 성공 경험들로 해원이의 자신감은 높아져 갔다. 친구들의 반응에도 일일이 반응하지 않고, 수업 시간에도 조금씩 자기 감정을 표현하고, 도움이 필요할 때 선생님을 부르기도 했다. 이렇게 해원이는 통합수업에 적극적으로 참여하고 있다. 일반학생들과 그저 같은 공간에 존재한다는 정도의 통합수업이 아닌 배움의 내용과 방법에서도 일반학생들과 함께하는 진정한 통합수업, 통합교육을 받는 것이다. 협력교수를 통해 특수 선생님의 간절한 바람이 아름답게 실현된 것이다. 통합교육의 진전이자 누구도 소외되지 않는 수업으로 나아간 것이다.

해원이는 통합지원반(개별반) 수업을 원하지 않았다고 한다. 왜 그랬을까. 통합지원반에서는 자기에게 맞춰진 내용 수준으로 보다 수월하게 배울 수 있었을텐데 말이다. 단순히 특수교육대상 학생이라는 것을 숨기려고 그랬던 것일까? 특수교육대상 학생들은 중학교, 고등학교까지는 통합지원반에서 지원을 받을 수 있지만, 이후 대학과 사회에서는 이를 기대하기 어렵다. 그렇다면 특수교육대상 학생에게 가장 필요한 교육은 통합환경에 적응할 수 있는 능력을 길러주는 것이 아닐까? 이 능력은 통합환경, 통합학급 환경에서, 무엇보다 학교 생활의 대부분인 수업 시간에 통합과 적응이 가능해야 키워지지 않을까?

해원이는 특수 선생님의 지원으로 이 능력을 통합수업에서 배워가고 있다. 해원이는 고등학교 진학을 위해 내신성적과 같은 점수가 필요하진 않다. 그렇다고 교육과정이 의미가 없는 것은 아니다. 수업을 하다 보면 눈길과 손길이 먼저 가는 학생이 있고 나중에 가는 학생이 있다. 그렇지만 특수교육대상 학생이라는 이유로 가던 눈길과 손길의 방향이 바뀌지는 않아야 하지 않을까. 해원이의 만점은 매 시간 해원이에게 보내준 두 교사의 눈길과 손길의 결과일 것이다. 특수 선생님께서는 통합지원반 학생을 특수교육대상 학생이 아닌 배움이 느린 학생 중 한 명으로 봐주길 원하셨을 것이다. 교실에는 특수교육대상 학생보다 더 힘든 학생도 있다. 그런데도 특수교육대상 학생이라고 하면 가장 지도하기 힘든 학생으로 섣불리 결론 짓고, 교실에서 문제행동만 일으키지 않으면 된다는 낮은 기대감을 갖진 않았는지 반성하게 된다.

4.

"선생님, 세준이는 매일 무슨 질문을 그렇게 많이 해요? 해원이
보다 세준이를 더 많이 돕고 있는 것 같아요. 하하"

세준이는 특수교육대상 학생인 해원이의 3월 짝이었다. 해원이
를 돕기 위해 세준이부터 돕기 시작했던 것이 계기가 되었는지 한
학기 내내 세준이는 마친 특수 선생님이 자기 전담 선생님인 것처
럼 수시로 질문하고 도움을 받았다.

세준이는 이해가 되지 않으면 다음으로 넘어가지 못하는 학생
이다. 본인이 이해한 것이 맞는지 확인받기도 하고 좀 더 자세한
설명을 요구하기도 했다. 학기 초 세준이에게 과학 공부 어떠냐고
물었던 적이 있다.

"과학이 제일 어려워요. 문제 풀면 다 틀려요. 저는 과학 포기해
야 할까 봐요"

이렇게 얘기했던 세준이에게 학기 말에 다시 한번 물어볼 기회
가 있었다.

"과학 공부 재밌어요. 성적은 아직 그렇지만 완전히 이해됐다
는 느낌이 너무 좋아요"

"그게 누구 덕분이야?"

"서진 쌤(특수 선생님) 덕분이죠"

내성적이고 자기 표현이 서툰 세준이도 한 학기를 지나면서 나와 특수 선생님이 많이 편해진 모양이었다. 수업이 끝나고 나면 교탁으로 와서 못다 한 질문도 하며 이런저런 이야기들로 재잘거렸다. 세준이에게 협력수업이 도움이 된 것은 틀림없어 보였다.

- 김서진 선생님과 함께 수업하는 것은 어떤가요?

  -매우 좋다(88%), 좋다(3%), 보통이다(6%), 싫다(0%), 매우 싫다(3%)

- 김서진 선생님과 함께 수업하는 것은 나의 과학 공부에 도움이 되나요?

  -매우 그렇다(82%), 그렇다(12%), 보통이다(6%), 그렇지 않다(0%), 매우 그렇지 않다(0%)

특수 선생님과 1학기 협력수업을 한 후 2학기 수업 준비를 위해 학생들에게 받은 설문 결과이다. 미리 세워둔 계획이나 구체적인 방법도 준비도 없이 한 협력수업이 학생들에게는 어땠을까 궁금했다.

'김서진 선생님과 함께 수업하는 것은 어떤가요'에 '매우 싫다' 고 답한 학생이 있었다. 누구일까 싶던 그때, 떠오르는 학생이 있었다. 특수 선생님도 누군지 알 것 같다고 하셨다. 늘 인형을 껴안 고 잘 준비를 하고 있던 성민이다. '과학 시간은 잘 수가 없어' '저 다른 수업 시간엔 늘 자요' '점수 필요 없어요' '안 할래요' '저 좀 그만 괴롭혀요' 늘 이렇게 말하던 성민이를 협력수업에서는 편하 게 두지 않았기 때문이다. 그렇지만 말과 다르게 성민이도 마냥 싫 어하는 것 같진 않았다. 싫다면서도 시키는 건 다 했으니 말이다. 우리가 짐작한 대로 성민이든 아니든 관계없이 이 반응이 나쁘게 만 보이진 않았다. 협력수업 어떠냐는 첫 번째 질문에 '매우 싫다' 라고 답했지만, 과학 공부에 도움이 되었냐는 두 번째 질문에는 최 소한 '보통이다'라고 답했기 때문이다. 분명 협력교수가 공부에 도 움이 된 것은 확인된 것이다. 기대 이상의 결과를 보니 협력교수 에 대한 신뢰가 높아졌다. 특수교육대상 학생인 해원이를 위해 시 작된 협력수업이지만 그 효과는 모든 학생들에게 고르게 전달되었 다. '모두가 수업에 참여하고, 잘 배울 수 있도록 돕자'는 협력수업 의 목표가 이렇게 이루어지는 것을 확인할 수 있었다.

내 수업이 공개되는 것이 부담스러웠던 그 마음은 이제 온데간

데없이 사라졌다. 그 마음이 사라진 것은 내 수업이 아니라 우리 수업이라고 여겨진 이후부터였던 것 같다. 협력수업은 내 수업을 공개하는 것이 아니라 우리의 수업을 만드는 것이었다. 그러니 내 수업이 아니라 우리의 수업이란 생각으로 일단 협력수업을 시작해 보면 좋겠다. 나의 짧은 경험이지만 감히 이렇게 말하고 싶다. '협력수업 일단 시작하면 이미 성공이다'라고.

5.

협력교수의 목표는 '모두가 수업에 참여하고, 잘 배울 수 있도록 돕는 것'이다. 과학지식뿐만 아니라 수업에 임하는 자세, 스스로 수업에 집중하는 방법, 자신을 관리하는 태도, 옆에 있는 친구를 돕고 협업하는 능력 등 의도한 가르침과 의도하지 않았지만 학생들이 꼭 배워야 하는 것들까지 잘 배울 수 있도록 말이다. 협력수업의 목표는 있었지만 이렇다 할 구체적인 실행 방법과 계획은 없었다. 미리 세울 수 없었다. 우리가 만날 학생들이 어떤 도움을 필요로 하고, 우리가 어떤 도움을 줄 수 있을지 알 수 없었기 때문이다. 그래서 협력수업의 시작은 학생들을 관심있게 관찰하는 것부터였다. 관찰을 하다 보니 도움이 필요한 학생도 눈에 띄었고 어떻게 도와야 할지도 고민하게 되었다. 돕는 것도 각 학생의 특성을 고려해 하나하나 찾고 시도해 보아야 했다. 지금도 마찬가지로 미리 세워둔 계획이나 방법은 별로 없다. 오히려 관심을 두고 학생을 관찰하고 그 학생이 수업에 집중하고 참여하도록 지원할 방법을 찾을 뿐이다. 혼자가 아닌 특수 선생님과 함께 말이다.

준영이는 충분히 이해되지 않으면 다음으로 넘어가지 못하는 학생이다. 그럴 때 짓는 특유의 표정이 있어 '아, 준영이가 어딘가 이해가 안 된 부분이 있구나' 바로 눈치챌 수 있다. 그런데 준영이를 위해 다시 설명하면 다른 학생들은 왜 이해가 안되냐며 준영이에게 눈치를 주곤 한다. 그러니 이해가 덜 된 준영이의 상황을 눈치챘어도 직접 돕기가 어렵다. 이럴 때 특수 선생님이 준영이를 돕는다. 준영이가 어려워하는 부분이나 이해가 덜 된 부분이 있으면 특수 선생님이 좀 더 자주 옆에 가서 지원한다. 이해하지 못한 부분을 다시 설명하거나 다른 방법으로 설명하기도 하고 예시나 비유를 들어주기도 한다. 준영이는 더 이상 도움을 요청하는 데 부담을 느끼지 않고 필요한 순간에 도움을 받을 수 있게 되었다.

성민이는 학습 의욕이 낮아 쉽게 책상에 엎드리거나 조는 학생이다. 성민이가 수업에 참여할 때마다 특수 선생님은 지속적으로 칭찬하고 격려해주며 성민이가 수업에 참여할 수 있도록 동기를 부여한다. 또한 성민이가 학습 내용을 이해하고 참여할 수 있는 수준으로 과제를 조정해주기도 한다. 이를 통해 성민이가 수업에 참여하는 부담을 줄이고 학습에 대한 자신감을 키울 수 있도록 지원한다.

혜민이는 학습 결손이 심해 수업 내용을 온전히 이해하기 힘들어 하는 학생이다. 혜민이가 학습에 어려움을 겪고 있을 때 혜민이 옆에서 함께 학습하며 학습 결손을 보완해 다음 학습으로 넘어갈 수 있도록 지원한다. 또한 과제 난이도를 조정하여 도전하고 싶도록 과제를 부여해 혜민이가 학습에 대한 자신감을 키워나갈 수 있도록 한다. 성공적인 학습 경험을 할 수 있도록 하는 것이다.

태준이는 아무 말이나 하며 튀고 싶어하는 학생이다. 이런 태준이에게 적당히 반응을 보여주며 수업에 참여시키며, 수업 참여 동기를 갖도록 돕는다. 또한 태준이의 행동을 수업 내용과 연관시켜주어 태준이가 수업에 더 긍정적으로 참여하도록 유도한다.

아프다는 학생은 학생의 상태를 파악하여 필요한 조치를 도와주고, 화장실이 급한 학생은 다녀올 수 있도록 배려하고 화장실 다녀오느라 놓친 학습 내용을 챙길 수 있게 지원한다. 또한 무슨 이유에서인지 수업에 참여하지 못하는 학생이 있을 경우 왜 수업에 참여하지 못하는지 이유를 확인해 참여할 수 있도록 격려하고 독려한다.

내가 수업을 주도할 때는 특수 선생님이, 특수 선생님이 수업을 주도할 때는 내가 도움이 필요한 학생과 순간을 찾아 지원한다. 특수 선생님과 협력하여 학생을 관심있게 관찰하고, 학생의 특성을 파악하여 그에 맞는 지원 방법을 찾고 지원한 결과 모든 학생들이 수업에 참여하고, 잘 배울 수 있도록 도울 수 있었다.

6.

선생님을 독차지하려는 학생

수업만 시작하면 아프다는 학생

수업에 방해되는 애들은 그냥 재우자는 학생

매 수업 시간 재미있는 활동을 원하는 학생

짧고 굵은 강의식 수업이 좋다는 학생

그림같이 앉아 수업을 듣지만 평가 결과는 늘 아쉬운 학생

보건실 갔다 왔다며 늦게 들어오는 학생

⋮

특수 선생님의 도움으로 통합학급 수업에서는 이런 학생도 지도가 가능했다. 하지만 통합학급이 아닌 일반학급 수업은 여전히 어렵다. 일반학급에도 협력강사를 모실 수 있을까, 찾아보니 기본 학력 협력강사를 지원받을 수 있다는 것을 알게 되었다. 그런데 이

지원은 국어, 영어, 수학에 한해서였다. 과학은 지원받을 수 없었다. 지자체에 협력강사비로 사용할 수 있는 예산을 신청하면 받을 수 있다는 것도 알게 되었다. 하지만 일 년 동안 강사를 모시기엔 턱없이 부족한 예산이었다. 이마저도 내년에 사용할 수 있으리란 보장이 없었다. 결국 '나 혼자 감당해야 하는구나' 다시 원점으로 돌아왔다.

학생의 인권은 존중되어야 한다. 이 주장에는 누구도 이견이 없다. 학생들은 각자 자신의 의견, 입장만 이야기한다. 그리고 이야기했으니 들어주어야 한다고 생각한다. 다른 친구의 의견을 들어주면 왜 자신의 의견은 안 들어주냐고 묻는다. 관심 받고 싶은 학생은 끊임없이 관심을 요구하고, 아프니깐 건드리지 말라는 학생도 있다. 그럼 정말 건들지 말아야 하는 건가? 매 시간 보건실에 갔다 왔다며 수업에 늦게 들어오는 학생도 있다. 쉬는 시간엔 쉬다가 수업 시작 종이 치면 그제서야 보건실에 가는 학생을 지도했다가 학부모에게 전화를 받은 적이 있다는 선생님 얘기를 들은 적도 있다. 수업에 늦게 들어오는 학생을 지도하기도 힘들어진 것이다. '자고 싶다는 학생에게도 인권을 지켜줘야 하니 깨우지 마셔라' '모둠활동은 재미는 있지만 공부에는 도움이 되지 않으니 강의식 수업을 해달라' '학원 수업이 공부에 더 도움이 된다' 등등 막말을 듣고 있자면 속에서 화가 끓어오른다. 하지만 화가 난다고 화를 낼 수도 없다. 자기 아이에게 화를 냈냐며 따지고 드는 학부모가 적지 않다는 얘기를 심심치 않게 들었기 때문이다. '우리 아이가 자기 의견을 자유롭게 표현한 것 뿐인데 그게 혼날 일인가요?'라며 말이다. 시대가 변했고, 학습자가 변했다. 무엇보다 학습자의 부모들이 변했다. 그러니 교사도 변해야 하지 않을까. '우리 반 일이니 내가 오롯이 책임져야 해' '내 수업 시간에 일어난 일은 내가 책임져야 해' 그 동안 우리들은 학급도 수업도 오롯이 혼자 감당하고 책임져야 하는 것으로 여겨왔다. 협력교수를 하기 전에는 나도 그랬다. 혼자서도 할 수 있다고 말이다.

하지만 이제는 혼자서 감당하기에는 불가능한 환경이 되어 버리지 않았는가. 혼자 책임지고 감당하기엔 버겁다. 그러니 이제 혼자 감당해야 한다는 생각을 내려놓길 바란다. 교과 수업도, 학급 운영도 말이다. '혼자서도 잘해요'가 아니라 '함께하면 더 잘해요'라고 생각하면 좋겠다. 집단지성이란 말이 있지 않은가. 여럿이 모여 이야기하다 보면 새로운 아이디어도 떠오르고 더 해보자는 힘도 생긴다. 학급 운영도 혼자, 교과 수업도 혼자, 그 동안 얼마나 외롭게 지내왔는가. 이젠 함께하자. 함께하면 더 잘 할 수 있고, 함께해야 더 많은 학생도 돌볼 수 있다.

일반학급에도 협력수업 할 수 있는 방법이 어딘가 있지 않을까. 포기하지 않고 좀 더 찾아 볼 생각이다. 아무리 잘 설계된 수업도 학생들이 참여하지 않으면 의미 없지 않은가. 학생들을 수업에 참여시키기 위해서는 눈길과 손길이 닿아야 한다. 그러려면 혼자보단 둘이 함께, 가능하다면 셋이, 여럿이서 함께해야 한다. 하지만 협력수업을 못 하게 된다면 어떻게 해야할까. 방법이 뭐 있겠는가. 최대한 소외되는 학생이 생기지 않도록 더욱 촘촘하게 수업을 설계하는 수 밖에. 그리고 혼자 수업하되 고민은 옆에 있는 선생님에게 털어놓을 수 밖에. 부담스러워한다면 또 다른 선생님에게 또 털어놓으면 된다. 그렇게 나와 함께 고민해 줄 수 있는 동료를 찾아 수업은 혼자 하더라도 고민을 함께한다면 수업과 모두 참여는 가능할 것이다. 나 또한 기꺼이 고민을 함께해 줄 수 있는 선생님들을 찾았고, 나 또한 그런 동료가 되려고 노력했다. 좋은 학교와 수업은 우리가 같이 만들어야 완성된다는 것을 잊지 않았으면 좋겠다.

08

동진이
이야기

"아~ 왜요"

"어차피 봐도 몰라요"

까무잡잡 여드름투성이에 머리는 늘 윤기가 흐르고 치아 교정을 하고 있어 발음도 부정확한데 마스크까지 써야 했던 시기에 만난 중3 동진이는 이른바 다문화 학생이다. 내가 만난 첫 다문화 학생이었다. 다문화 학생이 늘고 있다는 얘기는 몇 년 전부터 들었지만 이렇게 빨리 담임으로 만날 것이란 생각은 못 했다. 동진이는 조선족 어머니와 한국인 아버지 사이에서 태어난 외동아들이다. 중국에서 태어나 초등학교 저학년 때까지 중국에서 살았다고 한다. 어머니가 조선족이라 중국에서도 한국말을 배우고 썼지만 억

양과 사용하는 어휘들이 또래 아이들과는 달라 다문화 가정인 것
이 금세 티가 났다. 아버지는 지방에서 일하시는데 한 달에 한두
번 오신다 하고, 어머니는 대중교통으로 2시간 걸리는 요양원에서
일하셔서 아침 7시에 나가면 밤 12시나 되어야 집에 오신다 했다.
동진이는 늘 혼자인 셈이었다. 더군다나 코로나 바이러스 확산으
로 등교조차 할 수 없었던 2년 동안은 더더욱 혼자였던 셈이다.

1교시 결석

2교시 결석

3교시 결석

   ⋮

온라인 출석부에는 죄다 결석이다. 출석 과제를 해야 출석으로
인정되지만, 과제를 할 수도 물어볼 친구도 없었기 때문이다. 매일
담임 선생님의 전화를 받으며 겨우 출석 과제만 제출하는 것이 동
진이에게는 무슨 의미가 있었을까? 또 들어도 무슨 말인지 이해할
수 없던 온라인 수업은 또 무슨 의미가 있었을까? 몸도 마음도 급
변하는 청소년기를 혼자 겪고 있을 동진이의 처지와 상황이 안타
깝고 측은했다.

코로나 시대를 지내면서 친구를 사귈 기회도 없고, 가정에서 자
신을 도울 만한 보호자도 없는 상황에서 동진이가 애쓰며 할 수 있

는 것이 뭐라도 있었을까? 그런 동진이를 보며 왜 무기력하냐고 탓할 수 없었다. 나 또한 내가 동진이에게 무엇을 해 줄 수 있을지 무력감이 느껴졌다. 당장 무엇을 도와야 할지는 모르겠지만, 혼자 있을 동진이에게 안부를 물어주고 도움이 필요하면 언제든 도움을 요청할 수 있는 가까운 어른이라도 되어 주어야 할 것 같았다.

혼자서는 할 수 없는 출석 과제를 도와주기 위해 나는 매일 동진이에게 전화를 걸었다. 매일 담임이 전화해서 잔소리하면 수신 거부를 해 버릴까봐 스스로 '나는 콜센터 직원이다'란 생각으로 상냥하게, 쾌활한 목소리로 전화를 걸었다.

"스파게티요"

"떡볶이요"

"오므라이스요"

"제육볶음밥이요"

"계란말이요"

"된장찌개요"

'유레카!!' 좋아하는 것도, 잘하는 것도 없어 보이던 동진이가 좋아하는 것이 있었다. 바로 요리였다. 하루에도 몇 번씩 동진이와 연락하다 찾아낸 것이다. 중3 남학생이 혼자서 자기 배 채우자고 밀키트도 아니고, 재료를 직접 준비해서 스파게티, 떡볶이, 오므라

이스, 제육볶음밥, 계란말이, 찌개를 해 먹는다는 게 보통 일인가. 일반고 진학이 어려울 정도의 성적이라 특성화고를 써야 할 동진이에게 어떤 과를 소개해 줘야 할지 막막하던 차에 좋아하고 열심이고 재능이 있어 보이는 것을 발견한 것이다. 게임 말고는 그 무엇에도 관심 없어 보이던 동진이가 요리에 관심이 있을 줄이야. 정말 생각지도 못한 일이었다.

조리과 진학이 가능하다는 말에 동진이의 눈빛과 태도는 180도 달라졌다. 출석 점수가 중요하다는 것을 알게 된 후에는 내가 먼저 전화를 거는 횟수가 서서히 줄었고, 완벽할 순 없지만 나름의 최선을 다해 출석 과제도 해 보려고 애썼다. 무엇보다 가장 큰 변화는 동진이가 먼저 말을 걸어오기 시작한 것이었다. 묻는 말에만 퉁명스럽게 대답하던 동진이가 "저 오늘 결석한 거 없죠?" "자기소개서 어떻게 써야 할지 도무지 모르겠어요" "학업계획서가 뭔가요?" 그리고 "저는 소스에 관심이 많아요. 소스 만들 때…" 등 내가 알아들을 수 없는 말까지 신나서 한참을 이야기하는 동진이로 변해갔다. 그렇게 동진이는 온라인 수업과 출석 과제, 담임 선생님에 대한 의미를 찾은 듯 보였다.

동진이의 마음과 행동을 변화시킨 요인은 무엇이었을까? 나는 누군가 자신을 관심 있게 바라보고, 가능성을 믿고 응원해주는 느낌이 아니었을까 생각한다. 자신을 아껴주고 희망 어린 관심으로 지켜봐 준다면 누구인들 힘이 나지 않을까? 간절히 원하면 얻을 수 있다는 말처럼 동진이는 당당히 고등학교 조리과에 진학하였다.

"어머! 동진아~ 어쩐 일이야?"

퇴근 시간이 훌쩍 지난 시간, 퇴근 준비를 서두르고 있던 스승의 날에 고1이 된 동진이가 찾아 왔다. 고등학교 생활은 어떠냐고 묻자, 학교에 이상한 애들이 많다며 중학교 때랑은 완전히 다르다 했다. 동진이가 간 학교는 평판이 좋지 않기로 유명한 학교였다. 그래서 원서 쓸 때도 여러 차례 이야기해 주었는데 생각했던 것보다 더 안 좋은 모양이었다.

"많이 힘들어? 그래서 그 학교 간 걸 후회해?"

"아뇨, 걔네들은 걔들이고 저랑은 상관없어요. 저는 진짜 열심히 공부하고 있어요. 이번에 중간고사 봤는데 시험 잘 봤다고 선생님한테 칭찬도 받았어요"

⋮

"선생님이 남들한테 좋은 학교는 필요없다고 했잖아요! 저한텐 좋은 학교에요. 졸업하기 전에 양식 조리 자격증 꼭 딸 수 있게 공부 열심히 해서 나중에 다시 자랑하러 올게요!"

"자랑 안 해도 되니깐 그냥 선생님 얼굴 보러 또 와. 꼭!!"

누구나 하나쯤 흥미를 느끼고 관심이 가는 것이 있기 마련이다. 하지만 그것을 알아차리기는 쉽지 않다. 심지어 본인조차 잘 모르기도 한다. 동진이가 좋아하는 것을 알아차리지 못했다면 동진이는 지금 어떤 모습일까. 동진이를 만난 이후로 진로, 진학 상담을 할 때 학생들에게 꼭 묻는 질문이 하나 있다.

"넌 무엇을 좋아하니?"

잘하는 것 말고 좋아하는 것을 묻는다. 좋아한다면 언젠가 잘할 수 있지 않을까. 지금 잘한다고 끝까지 잘할 수 있을지 그것은 알 수 없는 일이지만, 좋아한다면 최소한 자신감과 도전 의욕은 높지 않을까. 동진이를 통해 좋아하는 일을 하는 것이 얼마나 큰 원동력이 되는지 다시금 깨닫게 되었다. 열심히 하라는 잔소리는 더 이상 필요하지 않다는 것도 말이다. 그저 관심과 기대를 가지고 응원하고, 열심히 하고 싶은 일을 할 수 있는 환경을 마련해주면 되는 것이었다.

동진이는 요리를 좋아하는 것이지 잘하는 것은 아니었다. 하지만 좋아하는 것을 하기 위해 하기 싫은 출석 과제를 해내고 자기소개서, 학업계획서, 면접 준비까지 열심히 했다. 요리를 잘하지만 정작 좋아하지 않았다면 과연 동진이가 이렇게 열심히 진학 준비를 했을까. 좋아하는 것을 할 때는 누가 시키지 않아도 열심히 하게 되고, 성실함과 간절함이 자연스럽게 따라오는 것 같다.

하지만 스스로 좋아하는 것을 알아차리고 진학과 진로로 연결 짓기는 쉽지 않다. 이것을 부모가 도와준다면 좋겠지만, 그렇지 못한 다문화 가정이나 외국인 가정, 조손 가정 등의 경우라면 그 다음 가장 가까이 있는 어른인 선생님이 그 역할을 대신해 주어야 하지 않을까.

가끔 나는 궁금하다.

나는 학생들에게 어떤 어른일까?

교사인 나는 학생들에게 관심을 가지고, 그들의 잠재력을 믿고 키워주고 있는 어른일까?

내가 교단에 서는 이 학교는 학생들이 좋아하는 일을 찾고, 그 일을 열심히 할 수 있는 환경일까?

09

모두가 함께하는
수업

1.

릴레이 그리기 수업이다.

"첫 번째 주자 나오세요"

"두 번째 주자 나오세요"

"무슨 말이야? 천천히 얘기해봐"

"여기가 기온이고, 여기가 뭐였더라? 너 이따가 가서 여기 보고 와"

"선생님 조금만 더 보게 해주세요"

"선생님 한 번만 더 보여주면 안 돼요?"

이 수업은 4인 1조로 모둠을 구성한 후 한 명은 그림을 그리는 역할을 맡고, 나머지 3명은 첫 번째, 두 번째, 세 번째 주자가 되어 순서대로 교탁으로 나와 보여주는 자료를 30초~1분 정도 보고 돌아가서 그림 그리는 친구에게 보고 온 자료를 설명하여 흰 도화지에 그려내는 활동이다. 첫 번째 주자가 그림 그리는 친구에게 설명하는 모습을 지켜 본 두 번째 주자가 교탁으로 와 같은 자료를 보고 들어가서 그림 그리는 친구에게 보고 온 것을 이어 설명한다. 이렇게 모둠별로 세 명의 주자가 2~3바퀴 정도 돌면 한 시간 수업이 거의 끝난다. 이 활동은 과학 교과서에서 주의 깊게 보아야 하는 그래프나 그림 자료들을 꼼꼼하게 보게 하기 위한 활동이다. 이렇게 활동을 하고 난 후 그 다음 시간에 자료에 대해 설명하면 학생들이 더 관심 있게 보고 듣게 된다.

이 활동은 수업 활동이지만 학생들은 놀이라고 생각하는 것 같다. 정말 한 명도 빠짐없이 열심히 수업에 참여한다. 심지어 종료 종이 친 후에도 한 번만 더 보여 달라는 학생들이 있을 정도다. 또 그림 그리는 역할을 맡은 학생은 도대체 어떤 자료이길래 이렇게 설명을 못하냐며 수업이 끝난 후 교탁을 정리하는 나에게 자료 좀 보여 달라고 애원한다. 이 얼마나 아름다운 모습인가. 재미없고 복잡한 자료를 한 번만 더 보여 달라는 이 아름다운 광경을 상상만 하지 마시고 한번 직접 해보시길 권한다.

　이 활동은 세세한 부분에 대한 관찰력과 기억력이 좋은 학생에
겐 안성맞춤이다. 그래서 이미지에 대한 세부 기억이 뛰어난 자폐
성 장애 학생이 이 활동을 한다면 어떤 모습이 펼쳐질까. 조심스럽
게 호기심을 가져본다. 기회가 된다면 꼭 한번 함께 해보고 싶은
활동이다.

　이 활동을 통해 나는 학생들이 어렵고 복잡한 자료를 재미있게

보고, 듣고, 설명함으로써 자료의 내용을 더 잘 이해하기를 기대했다. 그런데 지식과 호기심을 넘어 이 협업 활동으로 협동심과 의사소통 능력 향상까지 덤으로 따라 왔다.

2.

"아이~ 실수로 하나 틀렸네"

"선생님! 선생님! 선생님! 저 다 맞았어요"

수업 도입부에 이전 시간에 배운 내용을 복습하는 활동을 할 때 나는 다양하게 개발된 학습용 플랫폼을 이용하거나 카드놀이를 만들어 활동을 한다. 이때 교과서를 보고 풀 수 있도록 허용한다. 이 과정에서는 빨리 정확하게 푼 학생에게도 보상을 하지만 책을 보고 풀거나 가장 느리게 풀었더라도 문제를 잘 푼 학생에게 보상을 제공한다. 이렇게 하면 학습 속도가 느린 학생이나 무기력한 학생도 책을 보고 푸는 것이니 승산이 있다고 여기는지 포기하지 않고 복습 활동에 적극적으로 참여한다. 비록 이전 시간에 배운 내용을 아직 숙지하진 못했더라도 복습 활동을 통해서 다시 한 번 보고 뒤늦게라도 숙지하면 되는 것 아닌가. 그러길 바라서 책을 볼 수 있도록 한 것이다. 보상은 늘 수업 시간에 졸리면 먹을 수 있는 사탕이나 젤리로 제공한다. 가장 높은 보상은 이런 간식이 담긴 파우치에서 5개 고르기이며, 가장 낮은 보상은 1개 고르기이다. 물론 가장 높은 보상에도, 가장 낮은 보상에도 나의 폭풍같은 칭찬은 똑같이 기본으로 제공한다. 이렇게 한판 신나게 교과서를 뒤적거리면 이어지는 본 수업에도 자연스레 관심 갖지 않겠는가.

수업의 시작은 수업에 관심 갖게 하기, 흥미 유발시키기가 아닌가. 그런데 그게 그리 쉬운 일이 아니다. 또 새로운 내용을 공부하려고 하는데 이전 시간에 배운 내용을 기억해주는 학생은 몇 명 되지 않는다. 그래서 매 시간은 아니더라도 중요한 내용을 공부한 다음에는 시간을 할애하여 복습 활동을 진행한다. 그때 학습에 뒤처지거나 소외된 학생들도 모두 함께 복습 활동에 참여할 수 있는 방법이 무엇일까 고민하다 찾은 방법이 책을 볼 수 있게 허용한 활동이었다. 복습은 중요하다. 이전 시간에 배운 내용을 알아야 다음으로 나아갈 수 있기 때문에 예습보단 복습이 더 중요하다는 것에는 대부분 동의할 것이다. 그래서 학생들이 어렵지 않게 도전해 볼 만한 복습 활동으로 관심과 흥미를 이끈 후에 본 수업을 하는 방향으로 설계했다. 지금까지 내 경험으로는 무척 긍정적이었다.

3.

"이게 무슨 글씨야?"

"선생님 이 문제 오류에요"

"복수 답안으로 인정해달라!!"

"쉴 틈이 없네~"

"선생님 살 빠지겠어요"

"선생님 진짜 천재세요"

나는 시험을 앞두고 지난 학습 내용을 모두 함께 복습할 방법이 없을까 고민했다. 그러다 기말고사 전 다 같이 배운 내용을 정리하는 활동을 만들었다. 우선 A4 용지 한 장을 반으로 나누어 잘라 2가지 종류의 활동지를 만들었다. 활동 방법은 이렇다.

(아래 그림의) 왼쪽 활동지는 출제 용지이다. 숫자 1은 문제 번호이고 괄호 안의 (85쪽)은 출제 범위에 해당하는 교과서 페이지다. 이 활동지를 받은 학생은 1번 문제를 85쪽에서 출제하면 된다. 그럼 '24. (267쪽)'이라고 적힌 활동지를 받은 학생은 어떻게 해야 할까. 24번 문제를 267쪽에서 출제하면 되는 것이다. 이렇게 출제

1. (85쪽)

3학년 반 번 이름 :							
1		7		13		19	
2		8		14		20	
3		9		15		21	
4		10		16		22	
5		11		17		23	
6		12		18		24	

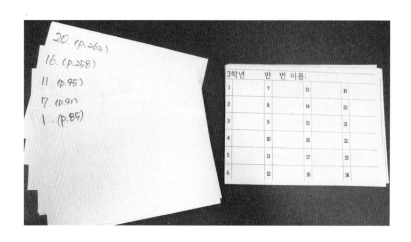

용지를 모두 다른 문제 번호와 쪽수가 적힌 활동지로 미리 준비한

다. 학생들은 각자 받은 교과서 범위에서 한 문제씩 출제한다. 출

제할 때는 20~30초 내외로 풀 수 있을 정도의 난이도로 출제하도

록 안내한다. 출제를 마친 학생들은 다른 친구들이 출제할 동안 기

말고사 범위를 공부한다. 출제가 모두 끝났다면 (위 그림의) 오른쪽

활동지인 답안지를 나눠 준다. 이제 학생들은 문제를 풀 것이다.

자기가 낸 문제부터 시작해서 친구들이 낸 문제를 푼다. 1번을 출

제한 학생은 1번 문제부터 2,3,4…24, 12번을 출제한 학생은 12번

문제부터 13, 14, 15…11, 24번을 출제한 학생은 24번 문제부터

1, 2, 3…23순으로 문제를 푼다. 만약, 출제 오류여서 풀 수 없는

모두 참여 수업

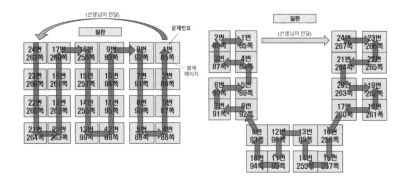

문제라고 판단되면 자기 답안지에 오류라고 적는다. 그리고 출제 용지에는 그 어떤 메모도 하지 않도록 주의를 준다. 문제지는 손만 뻗으면 전달할 수 있는 방향으로 돌린다. 위의 그림처럼 말이다.

교실 자리 배치에 따라서 손만 뻗어 전달할 수 있도록 미리 구상 후 문제지를 나누어주면 편하다. 그리고 1번과 24번 문제를 출제한 학생 사이의 거리는 멀기 때문에 교사가 문제지를 이동시켜 준다. 딱 학생 수만큼 이동시켜 주면 이 활동은 끝난다. 채점을 하기 위해 이번에는 답안지를 같은 방향으로 한 칸 돌린다. 나는 각 문제의 출제자에게 물어 칠판에 문제 번호와 답을 적는다. 복수 답안 인정 여부는 출제한 학생이 결정하도록 한다. 복수 답안으로 인정해주지 않아 친구들의 원성을 듣는 학생이 학급당 1~2명은 꼭 있다. 어렵게 문제를 내려다 꼬인 오류 문제도 있다. 이런 문제는 채점에서 제외한다. 이렇게 답안 채점까지 45분을 꽉 채워 활동한다. 문제 내고 공부하는데 20분, 문제 푸는데 30초씩 24개 문제면 720초니 12~15분 정도면 충분하다. 채점하고 마무리하는데 10분. 알차게 45분을 쓸 수 있다. 기말고사 공부를 미리 한 친구들은 충분히 풀 수 있겠지만 그렇지 않은 학생들이 활동에 잘 참여해 줄지 하는 고민 끝에 책을 볼 수 있도록 허용했다. 공부가 충분히 된 학생은 문제를 먼저 풀고 답을 확인하는 용도로, 아직 충분히 공부가 되지 않은 학생들은 문제 번호 옆에 적힌 출제 페이지를 보며 책을 찾아 풀도록 한다. 그랬더니 새로운 도전을 두려워하고 자신감이 낮아 모든 활동에 소극적인 지적장애 학생 희원이도 책을 열심히 찾아가며 문제를 풀어 가는게 아닌가. 30초가 되어 문제지를 돌리자고 했더니 희원이가 '선생님 아직이요' '잠깐만요' 나를 다급하게 부르는 모습이 너무 기특하고 예뻤다. 나는 티나지 않게 희원이가 문제를 풀면 '문제 돌립시다' 하면서 문제지를 이동시켰다. 그동안 이렇게 희원이가 적극적으로 열심히 참여한 수업은 없었다. 두 문제 틀린 것에 안타까워했지만 그 뒤에는 뿌듯한 미소가 보였다. 이렇게 놀라운 학습 열의와 집중력은 희원의 자신감을 한 단계 더 높였을 것이다.

학생이 문제를 출제해보는 경험은 개념을 이해하고 정리하는

데 탁월한 효과가 있다. 그뿐만 아니라, 문제를 출제하기 위해서는 교과적 사고도 필요한데 이를 키우는 것은 물론 활용하도록 돕는다. 그러면서 자연스럽게 무엇이 중요하고 무엇을 기억해야 하는지, 또 문제를 풀 때는 어떻게 풀어야 하는지 고차원적 사고를 하도록 이끈다. 물론 학생들이 내는 문제 수준에 따라 효과는 다를 수 있다. 혼자 자기 공부하는 것이 당장 기말고사에서 좀 더 높은 점수를 받는데 효과적인 학생도 있을 것이다. 하지만 나는 내가 만나는 학생들이 당장의 기말고사를 잘 보는 것이 목표가 되지 않았으면 했다. 이 활동이 기말고사 점수를 높이는데 어떤 효과가 있을지는 학생마다 다를 것이다. 또 이 활동으로 얼마나 능력이 향상되고, 어떤 능력이 향상될 것인지 또한 명시적으로 알 수는 없다. 하지만 적어도 이 수업에 열심히 참여했다면 그 안에서 무엇이든 하나 이상 배운 게 있지 않을까 생각한다. 그것이 교과 지식이던, 지식 탐구능력이던, 과학적 사고력이던, 창의력이던, 아니면 '출제가 이렇게 힘든거구나' 공감능력이라도 말이다. 나는 당장 내 한 시간 수업에서 배움이 크게 일어날 것이라고 기대하지 않지만, 학습은 지식과 사고의 축적이자 전이가 아닌가. 한 학생이 경험한 일련의 과정에서 배움이 일어나고 그것들은 차곡차곡 쌓여갈 것이다. 그러니 당장의 효과보다는 좀 더 멀리 내다보려고 노력한다. 나에게 수업은 한 번일 수 있지만, 그 수업은 스물 몇 명, 각자에게 영향을 끼칠 것이다. 이것이 수업에서 한 사람 한 사람 학생 각자의 배움과 참여가 필요한 이유이자, 내가 교사로서 모두 참여 수업을 만들어가려는 까닭이다.

10

우리,
함께 가르쳐요

나는 지금까지 해 온 교직 생활보다 앞으로 남은 교직 생활이
더 길다. 아직까지는 앞으로의 교직 생활이 설렘반 두려움반이지
만 두려움이 조금이라도 더 커진다면 교직 생활을 이어갈 수 있을
까? 고민이다.

여러 이유들로 교직 생활은 결코 쉽지 않다. 신규 교사도, 베테
랑 교사도 모두 어려움을 겪는다. 학급 운영이 어렵고, 교과 수업
이 어려우며, 학생들의 변화를 따라가기도 힘들다. 그러나 이러한
어려움을 혼자 겪거나 헤쳐 가야 하는 것은 아니다. 우리는 충분히
함께 고민하고 해결해 나갈 수 있다. 어느 집합연수에서 두 분 교
사의 발표를 듣고 큰 감명을 받은 적이 있다.

"올해 처음 신규 발령 받은 교사입니다. 발령 받고 아무것도 모르는 상태로 1학기 수업을 하면서 너무 힘들었어요. 그래서 선배 교사님들께 배우려고 연수에 참여했는데 너무 많이 배우고 응원 받고 갑니다. 앞으로도 이런 연수 찾아 다니면서 열심히 배우겠습니다"

"하하하. 저는 24년차 교사입니다. 언제 발령 받았는지 까마득하네요. 그런데도 늘 우왕좌왕합니다. 모르는 거 투성이에요. 학생들이 변하니 24년차 경력도 소용 없는 것 같아요. 그래서 후배 교사님들께 배우려고 연수에 참여했어요. 선배가 되어 도움은 주지 못하고 배워만 가는 것 같아 부끄럽습니다"

두 교사의 소감은 교직 생활이 결코 쉽지 않지만, 함께 고민하고 노력하면 우리가 모두 함께 성장할 수 있다는 것을 말해주고 있다. 나 또한 교직 생활에서 많은 어려움을 겪었다. 그때마다 주변의 동료들과 함께 고민하며 해결해 왔다. 8년째 서로의 고민을 공유하며 수업연구하고 있는 교과모임 선생님들, 나의 교직 생활의 시작과 현재를 함께하고 있는 선생님들, 지금 함께 수업하고 있는 특수 선생님, 그리고 동학년을 가르치고 있는 여러 교과 및 담임 선생님까지. 이 뿐만이 아니다. 학부모의 입장을 들려주는 자녀를 둔 지인들, 졸업생들까지. 모두가 내 고민을 들어주는 든든한 파트너들이다.

지금 주위에 고민을 함께 나눌 파트너가 있는가? 자신을 가장 잘 이해해 줄 사람을 찾아 파트너로 만들어보자. 언제든지 고민을 나눌 파트너가 있다는 것만으로도 마음이 훨씬 편안해 질 것이다. 자신도 누군가에게 든든한 파트너가 되어주기 위해 주위를 살피면 우리는 서로에게 훌륭한 파트너가 될 것이다. 그리고 가능하다면 마음 맞는 선생님들과 함께 수업을 만들어 보자. 협력 수업은 학생들 모두를 참여로 이끌고, 교사로서의 성장과 보람을 극대화 할 최고의 기회다. 학생들의 모두 참여 수업은 교사들이 함께 만드는 협력 수업으로 충분히 가능하다는 것이 지금까지 내 경험의 결론이다.

3부

영어,
누구나 잘하고 싶어 한다

이수현

중학교에 근무하는 영어교사로 다양한 학생들을 가르치고 있습니다. 특수교육대상 학생뿐 아니라 특별한 교육적 지원이 필요한 학생들이 점점 많아지는 교실에서 모두가 참여하는 수업을 위한 교사의 역할이 무엇인지 고민하고 있습니다. 누구나 차별 없이 배우고 성장하는 학교를 우리가 함께 만들어 가기를 바라는 마음으로 시행착오와 깨달음이 있었던 사례를 나눕니다.

일어나세요

"수업 시작했어요. 일어나세요"

나는 책상에 엎드려 자는 지원이를 깨웠다. 우리 반 지원이는 지적장애가 있는 특수교육대상 학생이다.

"아이 정말… 왜요? 왜 깨워요? 피곤해 죽겠는데"

"왜 깨우다니? 지금 수업 시간이야. 수업 시간에는 일어나 앉아 공부해야지"

"나는 공부 안 해요! 나는 피곤하니까 잘 거예요!"

지원이는 짜증을 내며 나에게 소리쳤다. 학급의 아이들이 모두 숨죽인 채로 나와 지원이를 주목했다.

"지금 자리에서 일어나서 한번 둘러봐. 누가 자고 있는지. 아무도 안 자고 있어. 수업 시간에는 일어나는 거야"

"수업 시간에는 자는 거예요. 깨우지 마세요. 경찰에 신고할 거야!"

지원이의 엉뚱한 반항에 교실이 웃음바다가 되었다.

결국 지원이는 책상 위에 거의 엎드린 채로 10분 정도 눈만 끔뻑이다가 다시 잠에 빠져들었다. 나는 지원이를 한 번 더 깨우려다 그만두었다. 정말 피곤해 보이기도 했고, 깨워서 일어난다 하더라도 지원이에게는 어렵고 재미없는 수업이 될 게 뻔하기 때문이었다. 지원이는 앞으로도 계속 내 수업 시간에 잠을 자게 될까? 다음에 나는 어떻게 해야 하나? 지원이에 대해 조금은 더 알아야 했다. 나는 반 학생들에게 물었다.

"지원이 다른 시간에도 이렇게 자니?"

"네, 거의 하루 종일 자요"

"매일 이렇게 잠만 자는 거야?"

"네, 작년에도 그랬어요"

지원이의 격렬한 반항이 이해가 되었다. 학교에 오면 늘 잠을 잤는데, 갑자기 영어 선생님이 수업이라며 깨우는 상황이 납득이 되지 않는 게 당연했다. 일어난다 하더라도 자신의 수준에 맞지도 않는 어렵고 지루한 수업을 듣고 있어야 한다면 나라도 차라리 엎드려 자는 편이 나을 것 같았다. 학교에서는 자고, 집에서는 밤늦게까지 깨어 있는 게 습관이 된 것 같았다. 이 악순환의 고리를 어떻게 끊어내야 하나 고민이 되었다. 나 혼자서는, 또 학교에서만 한다고 해서는 할 수 없는 일이었다. 학교에서 자지 않게 하려면 생활 리듬을 바꾸는 것이 먼저였다. 생활 습관과 환경을 바꾸려면 도움이 필요했다.

그래서 먼저 지원이 어머니에게 전화를 했다.

"어머니, 지원이가 학교에서 매일 잡니다. 수업 시간 대부분을 잠으로 보내는데 혹시 집에서 늦게 자나요? 많이 피곤해 보여서요"

"네, 선생님. 밤에 휴대폰으로 영상 보는 것을 좋아해서요. 자라고 내버려두면 새벽까지 휴대폰을 보기도 하는 것 같아요. 학교에서 그렇게 많이 자는 줄은 몰랐네요"

"제가 수업 시간에 지원이를 좀 지도해 보고 싶어서요. 일단 조금이라도 깨어 있어야 뭐라도 해 볼 텐데, 지금은 잠에 취해서 전혀 일어날 수 없는 상태 같아 보여요"

"아 네, 선생님. 제가 일찍 자도록 지도하겠습니다"

부모님에게 상황과 목적을 알렸으니 어떻게든 지원이에게 자극이 갈 것이었다. 어머니가 지원이의 생활 습관을 얼마나 바꿀 수 있을지 모르지만, 나는 학교에서 지원이를 수업에서 깨어 있게 만들어야 했다.

단번에 변화가 일어나지는 않았다. 다만 어머니의 지도 덕분에 내가 지원이를 깨웠을 때 일어나는 마찰을 줄일 수 있었다. 이전에는 짜증 내고 소리 지르던 지원이가 조금씩 노력을 해주었다.

지원이를 깨우는 모습을 보고 다른 학생들이 자극을 받아 스스로 일어나기도 했다. 한번은 내가 다른 학생을 깨우는 모습을 보고 지원이가 소리친 적도 있었다.

"야! 수업 시간에 잠이 오면 물 한 모금 마셔. 그래도 잠이 오면 크게 한숨을 쉬는 거야. 도저히 안 되면 뒤에 서서 잠 깨우고 앉아"

늘 잠을 자던 지원이의 말에 학생들이 웃음을 터뜨렸다. 아마도 지원이의 어머니가 그렇게 지도한 모양이었다. 그 후로 얼마 안 가 적어도 영어 시간에는 깨어 있게 되었다. 다른 과목 교사들에게도 깨어 있게 지도를 부탁하고 싶었지만 쉬운 일은 아니었다.

"저도 지원이를 깨우기는 하는데, 적극적으로 일으키지는 못하겠더라고요. 지원이 수준에 맞는 수업이 아니니까 지원이 입장에서는 얼마나 힘들겠어요. 수준에 맞는 수업을 해주지도 못하는데 깨우는 게 미안하더라고요"

이렇게 말하는 교사들의 마음이 이해가 되었다. 지원이 한 명을 깨우는 것이 반 전체 학습 분위기 형성에도 영향을 끼치니, 담임

교사인 나로서는 당연한 노력이었다. 하지만 지원이의 학습 자료를 따로 준비해 주거나 인력을 추가로 배치하지 않는 이상 다른 과목에서까지 수업 참여를 요구하기는 어려웠다. 특수교육대상 학생의 통합학급 수업 참여를 과연 누가 지원해야 하는 것일까, 고민이 많이 되었다.

영어 수업에서 나는 지원이를 위해 좀 더 쉽게 재구성한 학습지를 준비했다. 설명이 가득한 학습지 대신, 학생들에게 단어를 설명할 때 쓰는 피피티 사진 자료를 이용해 문자는 확 줄이고 시각 자료가 많은 학습지를 만들었다. 이 학습지는 지원이 외에도 천천히 학습하는 학생들을 위한 보충 자료로 사용했다. 느린 학습자 대부분은 시각 자료가 많이 들어간 학습지를 선호했다. 그런데 지원이는 내 기대와 달랐다. 단순히 깨어 있다고 해서 수업에 참여하는 것은 아니었다.

"공부하기 싫어요"

"지원이 이거 할 수 있잖아. 한번 해 보자"

"알쏭달쏭 어려워요"

"선을 긋기만 하면 되는 건데? 이게 어려워?"

"어려워요. 제발 이런 것 좀 시키지 마세요"

수정된 학습지는 단어를 따라 쓰거나 동그라미 치기, 선으로 연

모두 참여 수업

결하기 등 매우 간단한 활동으로 구성되어서 지원이에게 어려운 수준은 아니었다. 몇 번 어르고 달래 겨우 조금씩 학습을 하긴 했지만, 그 과정은 지원이에게나 나에게나 쉽지 않았다. 학습지도 공부할 의지와 흥미가 생겨야 가능한 것이었다. 무엇보다 그간 모든 수업을 잠으로 채운 지원이에게는 수업 시간에 뭐라도 하고 싶거나, 해야 한다는 생각이 먼저 필요했다. 학교 생활 전반에 거의 의욕이 없어 보이는 학생을 움직이게 하려면 어떻게 해야 하나, 무척이나 난감한 시간이 흘렀다.

"선생님, 이거 내가 할래요"

점심시간에 반 학생들의 학번이 적힌 종이를 잘라 사물함에 붙이는 작업을 하고 있던 참이었다.

"이건 선생님이 해야 하는 건데?"

"저 잘할 수 있어요. 내가 할 거예요"

갑자기 지원이는 내 손에서 가위를 낚아채듯 뺏어가 종이를 자르기 시작했다. 근력이 부족해 덜덜 떨리는 손으로 삐뚤삐뚤 종이를 자르는 모습이 불안해 보였다. 1년 동안 사물함에 붙여 두어야하는 이름표인데, 반듯하게 잘리지 않는 종이를 보며 불편한 마음이 들었다. 그런데 지원이의 표정을 보고 나는 깜짝 놀랐다. 신이

나서 웃음기를 가득 머금고 가위질을 하고 있었다. 이전에 한 번도 본 적 없는 행복한 표정이었다. 지원이는 세상 어느 것에도 의욕이 없는 학생이 아니었다.

'그래, 이거야!'

지원이가 수업 시간에 의욕을 느끼고, 몸과 머리를 써 학습에 참여하도록 이끌 묘수를 발견한 느낌이었다. 관찰해 보니 지원이는 가만히 있거나 펜으로 쓰는 것보다 손으로 자르고 오리고 붙이는 활동적인 것을 좋아했다. 번쩍 아이디어가 스쳤다.

나는 그동안 지원이에게 제공했던 학습지를 다시 수정했다. 기쁨으로 상기된 지원이의 표정을 떠올리며 학습지에 가위로 오리고 풀로 붙이는 작업을 넣었다.

"지원아, 여기 이 단어에 맞는 그림을 찾아서 가위로 오리고 풀로 붙여봐"

지원이는 눈이 번쩍 커지더니 바로 작업을 시작했다. 지원이에게는 영어 학습에 도움이 될 뿐 아니라 스스로 몸과 머리를 깨워 수업에 참여하는 데 적합한 활동이었다. 근력이 부족한 팔과 손을 움직이는 데도 도움이 되었다.

이후로 지원이는 내가 깨우지 않아도 영어 시간에 스스로 일어났다. 자신이 좋아하는 활동을 하고 잘했다고 칭찬까지 받으니 매

모두 참여 수업

우 즐거운 모양이었다. 오려 붙이는 활동을 몇 번 하고 나니, 놀라운 일이 일어났다. 지원이가 이전에 별 관심이 없었던 학습지에도 관심을 보이기 시작했다. 나는 지원이의 모습을 보며 학습자의 흥미에 맞는 활동이 얼마나 중요한지를 새삼 깨달았다.

학생이 어떤 활동에 의욕과 흥미를 느끼는지 알기는 쉽지 않다. 그래서 지속적인 관찰과 다양한 시도가 필요한 것이 사실이다. 시간과 수고가 필요하지만 의욕과 흥미를 불러 일으키는 일만큼 보람되고 값진 일은 없다. 무엇보다 학생들에게 학교 생활의 대부분을 차지하는 수업 시간에 스스로 깨어 몸과 머리를 쓰고 참여하게 하는 것은 교육의 본질이자, 모든 교사들의 지극한 소망이 아닌가? 관찰과 다양한 시도에 쓸 시간과 에너지가 부족하다면 반의 다른 학생들에게 물어보는 것도 도움이 된다. 무엇을 좋아하고, 언제 의욕을 드러내는지? 하루 종일 함께 생활하는 학생들이 교사보다 훨씬 더 많은 정보를 가지고 있을 때도 많기 때문이다.

특수교육대상 학생이 일반학급에서 비장애 학생들과 함께 수업할 때 다수의 학생을 지도해야 하는 교사는 어려움을 겪는다. 특히 발달장애(자폐성 장애, 지적 장애)가 있는 특수교육대상 학생의 경우 수업 내용이 너무 어려워 흥미를 잃기가 쉽다. 수업에 참여하지 못하고 지루함을 느끼다가 참지 못하고 폭발하여 문제를 일으키거나 지원이처럼 무기력하게 잠드는 학생들이 많다. 이는 비단 특수 교육대상 학생만의 문제는 아니다. 여러 가지 이유로 정규 학습 과정을 따라가기가 버거운 학습자는 어느 교실에나 있기 마련이다. 이런 학생들을 위해 나는 학습 자료를 조금 쉽게 재구성하거나 꼭 알아야 할 핵심만을 추려 학습할 내용을 최소화하는 작업을 통해 참여를 높여왔다. 그렇지만, 이 학생들을 수업에 참여하도록 하기 위해서는 어떤 때는 환경을 바꾸는 것도 필요했고, 교사 이외에 학생에게 자극을 주고 환경을 바꿀 지원자(학부모)도 필요했다. 가장 중요한 것은 학습자가 자신을 움직일 의지와 흥미를 불러 일으키는 것이었다. 그러나, 그간의 내 경험을 통해 보면 그것이 그리 불가능하거나 대단한 것은 아니었다. 조금 더 관심을 두고 학생을 관찰하다 보면 실마리를 발견할 수 있었다. 무기력을 깨우는 일은 어쩌면 사람의 가능성과 미래를 깨우는 일이 되지 않을까? 나는 그리 믿는다.

"수업 시작했어요. 일어나세요"

"싫어요. 피곤해요"

"오늘은 자르고 붙이기도 싫어?"

"싫어요"

"그럴 줄 알고 선생님이 멕시코 사진 가져왔지"

"멕시코? 멕시코 가고 싶어요!"

지원이가 벌떡 일어나 앉았다. 세계 다양한 나라의 문화에 대해 학습하는 시간이라 지원이는 멕시코에 대해 배웠다. 멕시코에 가고 싶다는 말을 영어로 배우고, 누구와 가고 싶은지 문장으로 쓰고 읽는 연습을 했다. 수업 자료로 미리 준비해 간 멕시코 음식 스티커를 붙이며 멕시코로 여행을 가는 즐거운 상상에 빠져 보았다. 아무리 오려 붙이는 활동을 좋아한다 하더라도 매일 같은 활동만 하면 지루할 것이다. 멕시코로 여행을 가고 싶다는 지원이의 말을 기억해 두기를 잘했다는 생각이 들었다. 다행히도 플랜B가 통한 느낌이었다.

지원이뿐 아니라 우리 모두는 무언가를 지속하려면 다양한 자극과 계기가 필요하다. 한 가지만 계속 먹으면 아무리 좋아하고 맛있어도 결국 질리는 것이 사실이다. 지속적으로 관심을 유지하고 조금씩 변주를 해야만 선순환이 성공할 수 있다. 나는 지원이를 통해 학생에 대한 관심이 나의 학습 지도 방법의 변화를 이끌어내고, 학생의 수업 참여를 가능하게 한다는 깨달음을 얻게 되었다.

학습자의 다양성이란 학생 한 명 한 명의 각기 다른 특성을 의미하기도 하지만, 한 학생의 오늘과 내일이 다를 수 있다는 뜻이기도 하다. 사람은 흐르고 변화하는 존재라는 사실을 학생들에게서 늘 확인하게 된다. 이렇듯 다양하고 역동적인 학생들이 교사인 나에게 날마다 깨달음과 함께 즐거운 긴장감을 주고 있다.

모두 참여 수업은 어느 한 학생의 참여로 완성되거나, 어느날 갑자기 그림처럼 만들어지는 것은 아니었다. 의욕과 참여가 낮은 이런 학생 한두 명을 바꾸는 과정이 곧 모두 참여 수업을 가능하게 만드는 과정이었다. 교사가 개별 학생에게 관심을 가지고 필요에 대응하는 과정은 교실에 있는 학생 전체를 자극하고 발전시킨다. 교사가 다양한 방법을 시도하고 결국 그 학생이 변화되는 과정을 통해 교사가 학생들을 개별적 존재로 대하고 존중한다는 것을 학생 모두가 읽게 되기 때문이다.

나그네의 옷을 벗긴 것은 바람이 아니라 따뜻한 햇살이었듯, 매일 잠을 자던 지원이를 깨운 것은 꾸지람이 아니라 관심이었다. "지원아, 일어나!"라는 말 대신, 흥미와 특성을 반영한 수업을 통해 지원이가 스스로 일어나 앉을 수 있는 힘을 기를 수 있었다고 나는 믿는다. 지원이가 아닌 다른 누구에게라도 마찬가지라고 생각한다.

모두 참여 수업

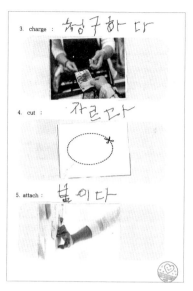

3. charge : 청구하다

4. cut : 자르다

5. attach : 붙이다

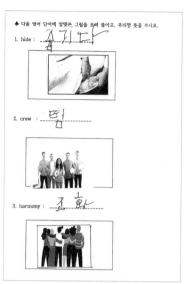

♣ 다음 영어 단어에 알맞은 그림을 오려 붙이고, 우리말 뜻을 쓰시오.

1. hide : 숨기다

2. crew : 팀

3. harmony : 조화

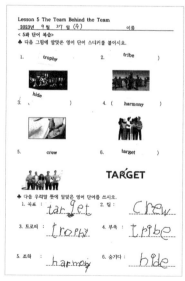

Lesson 5 The Team Behind the Team

2023년 9월 27일 (4)   이름

< 5과 단어 복습 >

♣ 다음 그림에 알맞은 영어 단어 스티커를 붙이시오.

1.   trophy   2.   tribe   )

                       hide

3.   4. (harmony   )

5.   crew   6.   target   )

                       TARGET

♣ 다음 우리말 뜻에 알맞은 영어 단어를 쓰시오.

1. 목표 : target   2. 팀 : crew

3. 트로피 : trophy   4. 부족 : tribe

5. 조화 : harmoy   6. 숨기다 : hide

마음을 두드리는
교사

시끌시끌한 복도에 예은이가 서 있는 모습이 보였다. 친구와 진지하게 이야기를 나누고 있었다. 나는 예은이 뒤로 살금살금 다가가 어깨를 툭 건드리고 사물함 뒤로 재빨리 몸을 숨겼다. 예은이는 뒤를 돌아보며 두리번거렸다. 나는 다시 한번 어깨를 톡톡 두드리고 숨으려 몸을 낮췄는데 예은이가 휙 돌아보는 바람에 들켰다. 실은 들킬 줄 알았다. 예은이는 나를 보고 당황한 듯했지만 엷은 미소로 웃었다.

예은이는 수줍음이 많고 내성적인 아이였다. 나는 예은이의 목소리를 거의 들어본 적이 없었다. 질문을 해도 답이 없고, 그저 고개만 끄덕였다. 수업 시간에는 교과서에 그림을 그리거나 낙서를 하며 시간을 보낼 때가 많았다.

"왜 학습지는 안 하고 그림만 그리고 있니?"

"……"

질문을 하면 고개를 푹 숙인 채 답을 하지 않았다.

"수업이 너무 어렵니? 학습지가 어려워?"

이렇게 질문하면 늘 고개만 끄덕였다.

내가 가까이 다가가는 것도 별로 좋아하지 않는 표정이었다. 어쩌다 무언가를 설명하려고 옆에 서면 불편한 기색이 역력해서 수업 중 따로 도움을 주기도 어려웠다. 그렇다고 그림만 그리게 내버려둘 수도 없고, 억지로 수업에 집중하라고 호통을 칠 수는 더더욱 없는 노릇이었다.

나는 예은이의 마음을 얻어보기로 했다. 교무실로 불러서 개별 상담을 할 수도 있지만 부끄러움이 많은 예은이의 입장에서는 부담스러울 것 같았다. 꼭 어려운 대화를 해야만 마음을 열 수 있는 것은 아니니까 일단 시답잖은 장난이라도 쳐서 심리적인 벽을 조금이라도 허물어 보고 싶었다.

복도에 예은이가 보일 때마다 몇 번 다가가 장난을 치고 말을 걸었다. 다행히 내가 친근하게 다가가는 것이 싫지 않은 모양이었다. 교실에서보다 훨씬 환한 미소를 보여주었다.

"오늘 영어 들었어?"

"네, 4교시에요"

처음 듣는 예은이의 목소리였다.

"오, 그래? 나는 시간표 못 외우는데 예은이는 외우고 있구나? 이따 보자!"

"네"

교실에서는 단 한 번도 입을 안 열던 예은이가 복도에서는 이렇게 짧은 답변이라도 해 주었다.

수업 시간에 변화는 아주 천천히 일어났다. 이전에는 고개조차 잘 들지 않던 예은이가 고개를 들어 나와 눈을 마주치기 시작했다. 학습지를 하는 시간에는 더 이상 그림을 그리지 않고 답을 써보려 끙끙거리는 모습이 보였다. 내가 옆에 다가서면 답을 하나라도 써서 보여주고 싶어하는 예은이의 마음이 느껴졌다. 나는 슬쩍 조금 수정된 쉬운 학습지를 내밀어 보았다.

"일단 이걸 한번 해 볼래? 보기에 있는 단어를 골라 쓰면 돼"

예은이는 내가 준 학습지를 재빨리 교과서 밑에 끼웠다. 부끄러운 모양이었다. 예은이뿐 아니라 학급에 5~7명 정도의 학생들이 쉬운 학습지를 하고 있기 때문에 크게 부담이 없을 것 같았는데 아니었나 보다. 나는 일부러 전체 학생들에게 질문을 했다.

모두 참여 수업

"여러분, 모르는 게 있다는 건 부끄러운 게 아니에요. 진짜 부끄러운 건 뭘까요?"

학생들은 다양한 답변을 했다.

"수업 시간에 떠드는 거요!"

"빵점 맞는 거요!"

"엎드려 자는 거요!"

예은이는 잠자코 보고 있었다.

"사람은 누구나 부족하고 모르는 게 많아요. 선생님도 모르는 게 많은 걸요. 중요한 건 내가 잘 모른다는 사실을 알았을 때의 태도예요. 모르는 걸 부끄러워하지 않고, 더 발견하고 알아가려는 태도요. 모르는 걸 덮어두는 사람은 더 이상 발전이 없지만, 적극적으로 알아가려는 사람은 성장할 수 있어요. 지금 우리가 한 교실에 있지만 각자의 속도가 있는 법이에요. 느리다고 해서 부끄러운 것이 아니고, 빠르다고 해서 잘난 것도 아니에요. 도움을 잘 받을 줄 아는 것도 능력이에요. 어려운 게 있으면 부끄러워하지 말고 도움을 요청하세요"

그래서 나는 학생들에게 이런 이야기를 자주 했다. 고개를 끄덕이며 듣는 학생들이 많았고, 확실히 질문을 하거나 쉬운 학습지를 대하는 태도가 조금씩 달라지는 것 같았다. 마인드가 바뀌어야 태도가 바뀌고, 태도가 바뀌어야 행동이 바뀐다. 교실의 기후가 온화해져야 연약한 마인드와 상황의 학생들이 싹을 틔울 수 있다.

중학생들은 사춘기를 지나며 세상 및 주변과 새로운 관계를 맺으며 자신의 태도를 만들어 간다. 중학생들에게 긍정적인 태도와 마인드를 만드는 일이 중요한 이유다. 나는 교실과 공동체에 긍정적인 태도가 정착되길 원하고, 무엇보다 학생 개개인이 세상을 살아가는데 가장 중요한 마인드셋(mindset)을 갖추길 원한다. 우리 아이들이 살아갈 미래를 지금보다 조금이라도 낫게 만들기 위해 교사로서 할 수 있는 가장 큰 역할 가운데 하나라고 생각한다. 학생들이 갖추었으면 하는 마인드셋은 회복 탄력성, 성장 마인드셋(growth mindset), 그릿(grit) 같은 것들이다. 이는 인생을 긍정적이고 건설적으로 살아가게 만드는 데 큰 힘이 되는 것들이어서, 나는 때때로 이런 요소들을 강조해 말한다. 이렇게 공개적으로 이야기하는 것은 실수, 실패에 대한 두려움이 크거나 배움이 느린 학생들이 좀 더 편안하게 학습하도록 분위기를 만들고 긍정적으로 도전할 수 있는 환경을 구축하는데 크게 기여한다.

시간이 지나며 예은이도 학습지를 책상 위에 당당히 올려놓고 진지한 표정으로 임하게 되었다. 어떤 날은 수업이 끝나고 나서도 학습지를 붙잡고 있는 모습이 보여서 옆에 슬며시 다가가 추가 설명을 해 주기도 했다. 수업 중 옆에 다가서는 것조차 부담스러워하던 아이가 참 많이 변화했다는 생각이 들었다.

또 한 번 복도에서 예은이를 마주친 어느 날, 표정을 살펴보니 나에게 할 말이 있는 것 같았다.

"예은아, 선생님한테 무슨 할 말 있어?"

예은이는 한참을 뜸 들이다 침을 꿀꺽 삼켰다. 나는 예은이 말을 들어보려고 얼굴 가까이 가서 귀를 쫑긋 세웠다.

"선생님 보충수업이 있다던데. 선생님이 하는 수업 어떤 거예요?"

나는 예은이의 질문에 깜짝 놀랐다.

"아, 방과 후에 하는 교과 보충수업 말하는 거지? 응 '기초영문법 반'이야. 예은이도 들어 볼래? 선생님이랑 좀 더 공부해 보면 도움이 많이 될 거야. 잘 생각했어!"

그 후로 두 달 동안 일주일에 한 번 방과 후 교과 보충수업 시간에 예은이를 만났다. 스스로 용기를 내어 참여해서 그런지 진지하게 수업에 임했고, 질문에 답도 잘하며 목소리를 많이 들려주었다. 확실히 소수의 인원으로 하는 수업이라 내성적인 예은이도 좀 더 적극적인 모습을 보였다. 방과 후 따로 만나 수업을 해서 그런지 예은이와 나 사이에는 더 깊은 친밀감이 생겼다. 나는 예은이의 눈빛만 봐도 마음을 알 수 있었고, 예은이는 나에게 처음보다 훨씬 더 편안하게 말을 걸어오는 학생이 되었다. 그렇게 관계가 형성되고 난 후로는 수업 중 그림을 그리거나 멍하게 앉아 있는 모습은 전혀 볼 수 없었다.

교사가 되고 난 후, 해가 거듭될수록 가르치는 기술보다는 학생들과의 '관계'가 중요하다고 느낀다. 자료 수집, 교수법 연구, 에듀테크 등으로 수업을 혁신하고자 하는 노력도 물론 중요하다. 하지만 아무리 화려한 기술로 수업을 하더라도 마음을 열지 못하면 즉각적인 흥미만 끄는 수업이 될 뿐 학생들을 진짜 배움의 길로 이끌어내지 못한다. 학습자는 수업을 통해 단순히 지식을 받아들이고 암기하는 것이 아니라 스스로 탐구하고 가치를 창조해 나가는 능동적인 존재가 되어야 한다. 교사는 학습자를 터치하여 개인에게 내재된 적극성을 이끌어낼 수 있어야 하지 않을까?

교실 현장은 지식의 주입이나 공유의 장소가 아니라 갖가지 정서적 경험이 혼재하는 곳이다. 교수자와 학습자는 수업을 통해 보람, 재미, 따뜻함, 열정, 유머 등을 경험하며 지식을 함께 만들어 간다. 교사는 단순히 지식 전달자가 아니라 배움의 길에 함께하는 동반자, 촉진자, 안내자가 되어야 한다. 이를 위해서는 무엇보다 '관계'가 중요하다. 아이들은 선생님을 알고 친해지면 달라진다. 교단

모두 참여 수업

에 서 있는 멀리 떨어진 존재가 아니라, 내 삶으로 들어온 진짜 관계가 형성될 때 아이들은 교사와 함께 배우고 싶어 한다. AI가 교사를 대신할 수 없는 것도 이 때문 아닐까? 말문을 열지 않는 예은이의 마음을 AI가 두드릴 수는 없을 테니까 말이다.

그 뒤로 예은이는 복도에서 나를 만나면 먼저 인사를 건넸다.

"선생님, 안녕하세요?"

전에는 상상도 할 수 없었던 용기가 예은이 마음에 싹튼 것이 분명했다.

"아이가 말을 안 해요. 입을 꾹 다물고 한마디도 안 해요"

이런 아이들은 많은 학급에 존재한다. 예은이의 말문을 연 열쇠는 무엇이었을까? 애정 어린 관심과 시선이 신뢰를 이끌어 내어 안전한 관계가 형성된 것이 아닐까? 그것이 사람 사이 관계의 핵심이고, 교사와 학생의 관계도 다르지 않을 것이라 나는 믿는다.

나는 학생들의 마인드를 변화시키는 것만큼이나 우리 어른들이 가진 선입견과 편견을 바꾸는 것이 중요하다고 느낀다. 대부분의 교사들은 학생들을 변화시키고 제대로 가르치기 위해 부단히 에너지를 쏟지만, 일부는 여전히 고집스런 편견에 빠져 있음을 보게 된다. 아이들의 특정 시기와 상황의 단면에서 이미 인생과 미래가 결정된 듯 판단하거나, 변화와 성장의 가능성에 대한 희망을 버린 듯한 말과 태도를 접할 때면 슬퍼진다. 교사의 마음에 학생의 성장에 대한 믿음이 없으면 학생들이 도전하고 실패해도 다시 일어설 탄력성이 생길 리 없고, 오류를 수정해 가며 정답을 찾아가는 끈기가 생기도록 할 수 없다. 오히려 낙오자, 실패자 같은 자신에 대한 부정적 마인드가 쌓이는 역효과가 커질 것이다. 우리 교사들의 마음에 단단히 자리한 믿음, 어떤 학생이든 누구라도, 언제라도 변화하고 성장할 수 있다는 마인드셋이 모두 참여 수업을 만드는 데 무엇보다 중요한 힘이라고 나는 믿는다.

03

사진 찍어달라는
뜻이었어?

"선생님 빨리 교실로 와 보세요! 민아가 자기 자리에 안 들어가요!"

우리 반 반장의 말에 헐레벌떡 교실로 뛰어갔다. 특수교육대상 학생인 민아가 칠판 앞에 서 있었다. 칠판에는 민아가 그린 그림이 가득했다. 수업 종이 울렸고, 다음 수업을 위해 칠판을 지우려고 했는데 민아가 안 된다고 고집을 피우고 있었다.

"민아야, 수업 종이 울리면 자리에 앉아야지. 그리고 수업하려면 칠판은 지워야 해"

내가 지우개를 들어 그림을 지우려 하자 민아가 지우개를 낚아채며 소리를 질렀다.

"안돼! 지우지 마! 안 지울 거야!"

나는 다시 한번 차분히 민아를 설득했다. 민아는 평소 어느 정도는 소통이 되는 아이였기에 차근차근 설명하면 이해를 할 줄 알았다. 하지만 아무리 설명해도 통하지 않았고 결국 교과 선생님이 들어와 그림을 억지로 지우게 되었다.

"으아앙!"

민아는 큰소리로 통곡을 했다.

같은 일이 몇 번 더 반복되었다. 나는 갖가지 방법으로 민아를 설득하려고 애를 썼다. 어떤 날은 좋아하는 간식으로 회유했고, 다른 날은 간절하게 사정을 해 보기도 했다. 또 어떤 날은 나도 화가 나서 맘대로 하라며 내버려 두고 칠판에 그림이 가득한 채로 수업을 하기도 했다.

나는 민아의 어머니에게 사정을 이야기하기로 결심했다. 학교에서 일어난 일이기 때문에 어머니가 뾰족한 해결책을 가지고 있을 거라고 기대하지는 않았다. 긍정적인 이야기가 아니라서 조심스러웠지만, 학교에서 반복되는 문제라 어머니도 알아야 한다는 생각이 들었다.

"아 그거요? 선생님. 민아가 그린 그림을 사진으로 찍어서 민아에게 보여주고 지워 보세요. 그러면 아마 수긍할 거예요"

나는 어머니의 말을 듣고 웃었다. 민아가 학교에서 얼마나 고집이 센지 어머니가 모르고 있다는 생각이 들었다. 간식도 안 통하는데 단순히 사진을 찍는 것이 통할까 싶었다. 하지만 밑져야 본전이라는 생각으로 한번 해 보자 마음을 먹었다.

며칠 후 또 같은 일이 일어나 학급 아이들이 교무실로 달려왔다. 나는 휴대폰을 들고 재빨리 교실로 달려갔다.

"우와! 그림 너무 멋지다. 선생님이 그림 찍어서 민아한테 전송해 줄게"

나는 사진을 찍고 민아에게 보여준 후 눈치를 보며 그림을 지웠다. 놀랍게도 민아는 아무렇지도 않은 표정으로 자기 자리에 가서 앉았다. 반 아이들은 모두 놀라 한마디씩 했다.

"민아가 그림 지웠는데도 안 울어!"

"민아야! 사진 찍어달라는 뜻이었어? 우리가 몰랐네!"

"아, 사진 찍어달라는 뜻이었어? 선생님은 어떻게 아셨어요?"

뒤늦게 알았지만 민아는 평소 집에서도 그림을 그리고 사진으로 남겨두기를 좋아한 것이다. 그런 민아의 특성을 교사인 내가 알 수 없었다. 언어 표현이 서툰 민아가 나에게 사진을 찍어달라는 말을 하지 못해서 일어난 일이었다. 사진만 찍어주면 쉽게 해결될 일이었는데, 그걸 몰라서 그간 불필요한 에너지를 낭비했던 것이다.

학부모와 소통을 하다 보면 이처럼 문제해결의 실마리를 쉽게 찾게 되는 경우가 많다. 특히 발달장애가 있는 학생은 의사 표현이 서투르기 때문에 오해가 생기기도 쉽고, 해결책을 찾기가 어려울 때가 많다. 그래서 더욱 학부모와의 소통이 중요하다. 학부모는 교사가 학교에서만 봐서는 파악하기 힘든 독특한 특성이나 어려움, 변화 등을 잘 알고 있기 때문이다.

일상생활을 지도할 경우도 학부모의 협조가 꼭 필요하다. 급식, 청소, 주변 정리, 준비물 챙기기, 화장실 예절 등 공동체 생활에서 꼭 필요한 기술을 가정과 학교에서 함께 협력할 때 훨씬 더 쉽고 빠르게 목표 행동을 지도할 수 있기 때문이다.

나는 이후 민아의 어머니와 자주 소통하며 특성을 파악했다. 학교에서 민아가 활동하는 모습도 종종 사진으로 찍어 전송하고, 생활 지도는 가정과 연계되도록 노력했다. 때로는 학급에서 민아를 둘러싼 문제가 발생하기도 했지만, 자주 소통하며 신뢰를 쌓아둔 덕에 문제해결 과정이 수월하기도 했다.

학부모와의 소통은 비단 특수교육대상 학생의 지도에만 중요한 것이 아니다. 학생들의 문제는 생각보다 가정에서 비롯될 때가 많다. 평소 성실한 학생이 수업 시간에 자꾸만 꾸벅꾸벅 졸길래 부모님께 연락을 해 보니 가정불화가 원인인 경우도 있었다. 부모는 아이가 표현을 하지 않아 잘 몰랐지만, 아이는 가정불화로 잠도 못 이룰 정도로 불안했던 것이다. 어떤 학생은 평소와는 다르게 수업 중 지나치게 산만하고 불안한 모습을 보여 가정에 연락을 했다. 처음엔 나도 부모도 원인을 찾지 못했지만 소통을 통해 학생이 도박에 빠져있다는 사실을 발견하기도 했다. 이런 문제들뿐만 아니라 학생들의 이성 교제나 교우 관계, 신변의 변화는 수업 중에 어떤 식으로든 티가 나게 된다. 이를 알아채고 부모와 소통하면 좀 더 효과적으로 학생들을 지도할 수 있고, 때로는 각종 유혹에 빠질 위험을 줄일 수 있다.

학생들의 정서적 문제는 수업 참여에 지대한 영향을 미친다. 매슬로우의 욕구 위계를 통해서도 알 수 있듯, 누구든 안전, 소속감, 존중의 욕구가 안정적으로 충족된 상태에서 잘 배울 수 있는 것은 당연하다. 교사는 수업을 통해 학생을 만나고 수업 중 학생들이 보여주는 모습을 통해 학생의 상태를 진단해 볼 수 있다. 하지만 문제의 원인과 해결 방법은 수업 중 보여주는 단편적인 모습만으로는 알 수 없는 경우가 많다. 부모와 소통하면 각기 다른 환경에서 자라고 있는 학생들을 좀 더 잘 이해할 수 있을 것이다. 또한 아이들이 뿌리를 두고 있는 가정과 조력하지 않으면 행동은 잘 바뀌지 않는다. 늘상 잠만 자는 지원이의 행동을 학부모의 협조로 바꿀 수 있었듯, 다른 많은 아이들도 부모의 역할이 학교 생활에 영향을 미친다.

많은 교사들이 학부모와의 소통을 어려워한다. 아마 학부모의 입장도 마찬가지일 것이다. 특히 아이가 어려움을 겪고 있을 때 부모의 마음은 더 조심스럽고 힘들다. 의사소통이 어려운 학생의 부모라면 궁금하고 답답한 마음이 쌓여 아이의 작은 반응에도 예민해지기 쉽다. 이러한 상태로 오랜 기간 학교와 소통이 단절된 부모는 부정적 사건이 일어났을 때 공격적일 수밖에 없다. 문제가 발생했을 때만 부모와 연락을 취해서는 신뢰 관계가 형성될 수 없기 때문이다.

학부모와 교사는 협력관계이다. 특히 학생들이 크고 작은 어려움을 겪을 때일수록 부모와 소통이 더 필요하다. 민아의 경우처럼 특수교육대상 학생과 원활한 의사소통이 이루어지지 않을 경우는 말할 것도 없고, 많은 비장애 학생들에게도 교사의 직관만으로는 이해하기 힘든 일이 발생한다. 학부모와 마음의 문을 열고 소통을 시작하면 또 한 명의 든든한 지원군을 얻게 된다. 훨씬 더 풍성한 교육의 열매를 맛볼 수 있는 길이 열릴 것이다.

모두 참여 수업

04

별이가
하고픈 말

수업 중 교실 맨 뒷좌석에 앉아 있던 별이가 갑자기 벌떡 일어났다. 장난기 가득한 미소를 머금고 몇 발짝 앞으로 가더니 한 여학생의 등을 찰싹 때렸다.

"아 진짜! 하지마 쫌!"

맞은 여학생은 별이에게 짜증을 냈다. 수업을 하다가 갑자기 일어난 일이라 나는 깜짝 놀랐지만, 학생들은 별로 놀라지 않는 것으로 봐서 자주 있는 일 같았다.

"별이가 자주 때리니?"

"아뇨. 자주는 아니고 수업 시간에 가끔 저래요"

"주로 누구를?"

"아무나요. 저번엔 ㅁㅁ가 맞았고, △△도 맞았고, ○○도 맞았 나?"

"갑자기 왜 때리는 거야?"

"몰라요. 초등학교 때는 안 그랬는데 갑자기 저래요. 좋다고 장 난치는 것 같기는 한데, 하지 말라고 해도 계속해요"

특수교사를 통해 특수교육대상 학생인 별이에 대해 몇 가지 정 보를 미리 수집해 두었지만, 이 갑작스러운 행동에 대해서는 들은 바가 없어서 당황스러웠다.

시간이 지나자 다른 과목 교사들도 점차 별이의 그런 행동에 대해 불만을 터뜨렸다. 수업 시간에 갑자기 일어나 누군가의 등짝 을 때리는 행동의 빈도가 점점 높아지는 것 같았다. 한번은 수업 중 특수교사가 교실로 올라와 별이를 야단치며 특수학급으로 데려 가는 모습도 우연히 보게 되었다.

나는 수업 시간에 별이에게 별도의 학습지를 주고 있었다. 별이 는 발달장애가 심한 편이라 교수적 수정을 통한 학습을 하기도 힘 든 상태였다. 교과서에 나오는 단어 중 일상생활 노출 빈도가 높은 단어만 골라 하루에 1~2장 정도 하도록 학습지를 만들었다. 처음 엔 학습지를 눈앞에서 신나게 흔들고 놀길래 얼마간은 내버려 두 었다. 이후 다른 학생들이 학습지를 할 동안 별이에게 다가가 차근

모두 참여 수업

차근 설명도 해 주고 따라 쓰기도 해 보도록 했다. 별이는 예상했던 것보다 쓰기를 잘했다. 치료실을 많이 다녀 일대일 학습에 익숙한 듯 보였다. 다른 학생들이 있어서 별이에게 많은 시간을 쓸 수는 없었지만, 내가 다가가 말을 걸면 환하게 웃으며 좋아하는 별이의 모습이 어쩐지 애처로웠다. 그렇게 조금씩 별이와 라포를 형성하며 학습 시간도 늘려갔다.

다른 선생님들은 별이의 문제행동이 계속된다고 불만을 터뜨리며 통합지원반(특수반)에 보내는 시간을 늘리자고 했지만, 나는 내 수업에서 더 이상 별이가 친구의 등을 때리는 행동을 볼 수 없었다. 별이의 담임 선생님이 내게 물었다.

"비결이 뭐예요?"

"별이 표정을 보세요. 장난기 가득하고 사람을 좋아해요. 자기도 뭔가를 같이 하고 싶어 해요. 계속 말도 걸어주고, 학습지 나눠주는 역할도 시키고, 칠판도 닦게 했어요. 그리고 하루에 한두 장씩 학습지를 만들어줬어요. 처음엔 흔들고 놀더니 이제는 학습지도 잘해요"

내가 보여 준 학습지를 보고 선생님은 놀람과 한숨이 뒤섞인 표정으로 말했다.

"별이 한 명만을 위해서 학습지를 만든다고요? 그걸 어떻게 해? 그걸 언제 하고 있어?"

맞다. 수많은 업무와 학생 관리로 눈코 뜰 새 없이 바쁜데, 한 사람만을 위해 시간과 노력을 쓰는 것은 비효율적이다. 교사도 사람인데, 과중한 업무가 주어지면 경제성을 따져가며 최대한 노동력을 아껴야 한다. 교육에 경제 논리를 적용하고 싶지는 않지만, 현실은 그렇다.

그런데 이것이 과연 한 명만을 위한 일일까? 일단 나의 작은 노력을 통해 학생들이 등짝을 맞는 일로 수업이 중단되는 일이 없어졌다. 그뿐만 아니라 별이의 사소한 행동 때문에 수업 시 일어났던 여러 불편함도 많이 사라졌다. 수업의 분위기와 밀도가 높아진 것이다. 별이의 변화는 단순히 별이만의 변화가 아니라 다른 학생들의 수업 환경의 변화와 참여를 이끄는 촉매제가 된 것이다. 무엇보다 별이를 바라보는 친구들의 인식이 바뀌었다. 학생들이 나에게 자주 말했다.

"별이가 영어 선생님 말은 왜 이렇게 잘 듣죠?"

부정적으로 바라보면 부정의 근거는 한 없이 늘어난다. 온갖 것들이 다 부정적인 판단의 근거가 될 수 있다. 그렇게 하나둘 쌓여 이미지는 고착되고 할 수 없다고 쉽게 판단해 지레 포기하거나 배제하게 된다. 무너지는 것은 금방이다. 그러나 쌓는 일은 고되고 오랜 시간이 걸린다. 긍정적으로 바라보고 선순환을 만들기 위해서는 주춧돌부터 차근차근 흔들리지 않게 쌓아야 한다. 관심과 노력은 시간과 에너지가 많이 필요한 일이다. 그렇기에 그 의미와 가치는 종종 희열을 안겨준다. 별이와 소통하고, 수업 참여로 이끄는 일은 그래서 내게 큰 값어치가 있었다.

나는 다양한 방법으로 별이를 수업에 조금이라도 참여시키려고 노력했다. 별이가 학습한 단어가 교과서에 나오면 재빨리 그 문장을 칠판에 썼다.

"별아! 네가 아는 단어가 나왔어. 이거 뭐지?"

내가 질문하면 별이가 씩씩하게 대답을 해주었다. 그 모습을 보고 학급 아이들이 박수를 쳐주기도 했다.

각자 자신이 영어로 쓴 글을 발표하는 시간에 별이도 한 문장이라도 발표를 하도록 했다. 어떤 날은 우리말로 발음을 써 주고 읽게 하기도 했고, 그도 어려울 땐 주제에 대해 하고 싶은 말을 우리말로 하도록 허용해 주기도 했다. 모둠 활동에도 참여시켰다. 처음에는 "선생님 별이는 어떡해요?"라고 말하던 학생들이 점차 내가 별이를 지원하는 모습을 보고 그대로 따라했다. 모둠 과제가 주어지면 학생들이 직접 별이가 할 수 있는 역할을 간단하고 쉽게 재구성해서 주기도 하고, 별이의 학습지에 영어 발음을 우리말로 써

주기도 했다.

　아이들은 서로 도우며 성장한다. 나는 이런 수업을 통해 별이가 도움을 받기만 했다고 생각하지 않는다. 아이들은 별이가 발표하는 모습을 통해 영어 수업에서는 완벽하지 않아도 괜찮다는 사실을 깨닫고, 자신들도 부족한 모습 그대로 시도해 보려는 용기를 얻었다. 덕분에 그해에 별이네 반은 교사가 조금만 격려해 주면 발표를 하려고 손을 드는 학생이 가장 많은 반이 되었다. 별이에게 영어 발음을 써주며 서로 자신의 발음이 맞다고 언쟁하는 학생들의 모습을 보며 나는 슬그머니 웃음을 짓기도 했다. 모둠에서 별이가 할 수 있는 역할을 고민하고, 때로는 모둠원이 머리를 모아 함께 활동을 재구성하는 과정을 통해 학생들은 단순한 지식 습득이 아니라 지식을 재구성하고 새롭게 조직하는 주체자로 성장하는 것으로 보였다. 자신들이 알고 있는 지식을 더 견고히 하고 서로 의견을 나눌 뿐 아니라 창의성을 발휘하며 뿌듯함을 느끼고 있었다. 학기 후반으로 갈수록 별이와 같은 모둠을 한번 해 보겠다는 학생도 많아졌다. 학기 초에는 혹시 불편하거나 불이익이 있을까 봐 별이와 모둠이 되기를 꺼리던 학생들이 자진해서 같은 모둠이 되는 변화를 지켜보며 나는 이 모습이야말로 모두가 함께하는 학교 수업을 통해서만이 가능한, 우리가 원하는 교육의 목표이자 결과라는 생각을 했다.

나는 다른 학생들이 별이가 수업에 참여하는 모습을 보고 학급의 학생들 사이에 다양성 존중 의식이 높아졌을 것이라 믿는다. 남과 다르거나 능력이 떨어지면 무시, 배제하거나 다른 공간으로 분리하는 것이 아닌 함께할 수 있는 방법을 찾아가는 태도를 배웠을 것이다.

물론 별이의 등을 치는 행동은 타인에게 불편과 고통을 주기에 갈등 없이 함께하는 것이 쉽지는 않다. 장애가 있다고 해서 폭력적인 행동까지 무조건 참고 배려해야 하는 것은 아니다. 하지만 이를 폭력으로 규정하기 전에 모든 행동에는 이유가 있다는 사실을 먼저 기억해야 한다. 발달장애가 있어 자신을 표현할 방법이 제한된 학생은 우리가 이해할 수 없는 행동 언어로 의사를 전달했을 것이고, 우리가 그의 의사를 읽지 못했을 가능성이 아주 크다. 비장애인 중심적인 경직된 환경이 별이가 문제행동을 하도록 자극, 촉진할 수도 있다는 말이다. 별이의 행동은 장애 자체가 원인이 아니라, 별이를 수용하겠다고 해놓고 아무런 중재도 하지 않고 알아서 적응하라고 방치한 환경이 오히려 원인이 될 수 있다. 이 환경은 별이에게는 고문과 다름없기 때문이다.

자신의 행동을 사회적으로 해석해 낼 수 없는 것이 별이의 장애이기 때문에, 우리가 장애를 수용한다면 그의 행동이 반사회적일 때, 그가 행동으로 하고자 하는 말(행동의 의사표현 기능)이 무엇인지부터 파악하려 노력해야 한다. 비장애인 입장에서 별이의 행동을 해석하고, 재단하고, 성급하게 폭력으로 규정하기 쉽다. 하지만 이는 장애에 대한 이해 부족에 가깝고, 장애인을 공동체의 구성원으로 제대로 수용하지 못하는 미성숙한 반응이다. 행동의 원인을 (장애)학생의 입장에서 먼저 파악해 보려는 시도가 중요하다. 어찌 보면 별이는 수업을 따라갈 능력이 없다는 이유로 수업에서 방치되고, 수업 시간 내내 아무것도 하지 않고 앉아 있어야만 했을 것이다. 이는 별이에게 고문이지 않았을까? 우리는 차별과 배제에 스스로 민감해지지 않으면 의도치 않게 '평범한 악인'이 될 수도 있다. 심심하고 힘들어 친구들과 접촉해 보려는 별이의 행동은 자신의 존재를 알리는 별이 자신만의 언어일지도 모른다. 무인도에서 지루함을 이기지 못하고 탈출해 보려는 별이의 처절한 외침같은 것일 수 있다.

별이의 언어가 사회적으로 수용될 수 없다면, 이를 가르치는 역할을 하는 것도 학교이다. 장애가 있는 학생도 비장애인 학생들과 마찬가지로 사회에 나가기 전, 학교라는 사회 안에서 기본적인 사회적 기술을 배우는 과정에 있다. 다양성 포용의 시대에 여전히 과

230

거의 '주류와 평균'에 맞춰진 질서에만 가치를 두고 별이를 그저 통합지원반(특수반)으로 분리하는 것으로 끝난다면 별이는 언제 어떻게 사회에서 용인되는 행동과 그렇지 않은 행동을 구분하는 법을 배울 수 있을까? 사회 구성원들이 모두 이같은 생각을 가진다면 별이처럼 남다른 존재는 영원히 격리될 수 밖에 없다. 우리 사회와 시민들은 새로운 시대와 세계에서 낙오될 수밖에 없을 것이다.

학교도 마찬가지다. 어리고 미숙한 존재들이 모여 있어서 어쩌면 더 힘든 공간이 될 수도 있지만 미성숙한 개인이 타인과 함께 살아 가기 위한 방법을 배울 수 있는 공간이기도 하다. 자신과 다른 타인의 모습을 통해 자신의 존재에 대한 인식도 높여간다. 이 과정에서 다양성의 극에 있는 장애 학생 뿐만 아니라 여러 가지 어려움과 위기를 겪고 있는 학생들에 대한 적극적 고민이 필요하다. 단순히 물리적으로만 같이 머무는 것을 넘어서 함께 참여할 수 있도록 지원해서 배움의 공동체를 이루어 갈 수 있어야 한다. 우리의 교육에 방해가 되는 성가시고 귀찮은, 그래서 바깥으로 내몰아야 하는 존재가 아니라, 사회를 성숙하게 하는 중요한 존재라는 인식의 전환이 필요하다.

특수교육대상 학생 중 70퍼센트가 넘는 학생들이 통합교육을 받고 있다. 이 중 대부분은 특수학급과 통합학급(원적학급)을 오가며 수업을 받는다. 특수학급에서는 개별화교육계획(IEP)에 의해 개인의 수준에 맞춰 수업을 받지만, 통합학급에서는 아무런 목표도 계획도 없고, 지원도 받지 못하는 것이 현실이다. 이런 통합학급 상황이라면 장애, 비장애 학생 모두에게 교육적 효과를 기대하기 어려울 것이다. 적절한 준비와 지원이 없는 통합은 오히려 장애에 대한 혐오나 차별을 조장할 수도 있다. 비장애 학생은 장애학생에 대해 아무런 교육적 지원을 하지 않는 것을 당연히 여기게 되고, 다수에게 불편을 끼치면 분리·배제된다는 것을 은연중에 학습하게 되기 때문이다.

이러한 현실을 개선하기 위해서 가장 시급한 문제는 인력이다. 통합학급에서도 의미 있는 수업과 참여가 이루어지려면 반드시 특수교육대상 학생의 수준과 특성에 맞는 교수 수정이 이루어져야 하기 때문이다. 그러려면 교사에게 시간과 여력이 필요하고, 이를 가능하게 하는 것은 곧 (지원이든 협력이든) 함께할 인력이다.

별이를 위해 나는 따로 학습지를 준비해 갔지만 늘 아쉬움이 남았다. 교사가 조금만 더 설명하고 촉진해 주면 별이도 수업에 적극적으로 참여할 수 있을 텐데, 서른 명이 넘는 학생이 있는 교실에서 나는 한 명의 교사여서 별이에게 많은 시간을 투자할 수 없었다. 모둠 활동에서도 마찬가지였다. 별이가 속한 모둠은 교사의 지

모두 참여 수업

원이 좀 더 필요했고, 학급에는 별이 외에도 특별한 교육적 지원이 필요한 학생들이 많은데, 나 혼자의 힘으로는 역부족이었다.

통합교육이 시작된 지 20년이 넘었다. 더구나 요즘은 학생들의 특성이 점점 더 다양해지고 특별한 교육적 지원이 필요한 학생들이 많아지면서 통합교육의 의미를 확장해야 한다는 논의가 일고 있다. 지금까지는 특별한 지원이 필요한 학생이 참여하는 수업이 아무런 계획 없이 주먹구구식으로 행해지거나 교사 개인의 열정이나 역량에 기대어 이루어졌다고 해도 과언이 아니다. 이제는 적극적인 변화가 필요하지 않을까? 다양한 삶의 방식을 수용하는 사회를 이루고자 한다면, 학교에서 먼저 진짜 통합교육이 이루어지도록 지원해야 할 때이다. 가장 약한 존재가 그냥 '존재'하는 것을 넘어 공동체의 구성원으로서 '참여'할 수 있도록 하는 고민이 그 시작일 것이다.

05

보이지 않는
끈

"똑바로 앉아. 자리에서 일어나지 마. 빨리 먹어!"

사회복무요원이 특수교육대상 학생인 정민이 옆에 앉아 식사를 하고 있었다. 둘은 늘 다른 학생들과 멀찌감치 떨어진 자리에 앉아 점심을 먹었다. 정민이는 내가 가르치고 있는 학생은 아니라서 수업 시간에는 만나지 못했지만, 학교에서 여러 번 마주쳤다. 그때마다 정민이는 항상 사회복무요원이나 특수교사와 함께 있었다. 전해 듣기로는 정민이가 학교 생활에 적응을 하지 못하고 자꾸만 문제를 일으켜 지원 차원에서 사회복무요원이 오게 되었다고 했다. 그런데 나는 정민이를 볼 때마다 이상하게 언젠가 보았던 사진 한 장이 떠올랐다. 장애인 시설에서 발 한쪽이 끈에 묶인 채로 초점 없는 표정으로 우두커니 앉아 있던 아이의 모습이다.

사회복무요원은 특수교육대상 학생의 통합교육을 지원하기 위해 학교에 근무하고 있는 것인데, 통합을 위해 무엇을 어떻게 지원하고 있을까? 내가 잠깐 관찰한 바로는 식당에서는 학생이 식사 외에 다른 행동을 하지 못하도록 통제하고 있었다. 식사 후에는 다른 곳에 가지 못하도록 통합지원반(개별학습실)으로 곧장 데리고 갔다. 쉬는 시간에는 교실로 이동하는 것을 돕고, 교실에서는 늘 학생의 옆에 있었다. 다른 아이들이 점심시간이나 쉬는 시간에 삼삼오오 모여 수다를 떨고, 운동장에서 활기차게 뛰어노는 생활과 극적으로 대비되는 모습이었다.

정민이는 학교에서 무엇을 배우고 있을까? 또한 다른 학생들은 정민이와 그 옆에 그림자처럼 따라다니는 사회복무요원을 바라보며 무슨 생각을 할까? 장애가 있으면 비장애인처럼 자유롭게 학교생활을 할 수 없다고 생각하고 있지 않을까? 아이러니하게도 '통합교육 지원'이라는 명목으로 완전한 분리 교육을 하고 있는 것은 아닌지 의문이 들었다. 장애학생과 비장애 학생 모두 통합교육의 울타리 안에서 '차별'과 '배제'를 당연한 것으로 배우고 있는 것은 아닌지 씁쓸한 생각을 지울 수가 없었다.

특수교육대상 학생은 일반 교육과정을 따라가는데 어려움이 있거나 신변 처리나 이동이 힘든 경우가 있기 때문에 지원인력이 필요한 것은 사실이다. 그런데 이러한 지원이 체계가 없고 주먹구구식으로 이루어지는 경우가 많다. 최근에 한 학교에서는 통합교육 지원을 위해 파견된 사회복무요원이 장애학생만 보면 공황장애를 일으키는 사례가 있었다. 지원인력 선발에 최소한의 자격요건도 없었다는 얘기다. 지원이라는 개념이 그냥 어른 한 명을 옆에 붙여주는 것이 아닐텐데…. 특수교육이 필요한 학생을 지원하는 일인데 기본적인 자격이나 교육도 없이 배치가 되면 당연히 배치된 쪽도 지원을 받는 쪽도 혼란스러울 수밖에 없다.

지원인력이 학교에 배치되는 이유는 학생의 학교생활을 지원하고 수업 참여를 돕기 위해서다. 그렇다면 지원인력은 어떤 모습이어야 할까? 사회복무요원이나 특수교육실무사와 같은 인력이 통합교육을 제대로 지원하게 하려면 교사가 어떻게 해야 할까? 지원인력으로 인해 고립되는 것이 아니라 원래의 목적을 달성하기 위해서는 어떻게 해야 할까?

일단 지원인력에게 역할을 명확히 제시해야 한다. 예를 들어 어떤 지원인력들은 아이들이 스스로 해야 하는 일까지 친절하게 다 해주는 경우가 있다. 그럴 때는 "○○아, 선생님이 보기에는 혼자서 할 수 있을 것 같은데 한 번 해 볼까?" 등으로 아이에게 말을 건

네고 지원을 하는 분께는 "가능하면 ○○이가 스스로 할 수 있도록 지켜봐 주시고 시간을 주세요" 등과 같이 이야기할 수 있다. 우리가 흔히 하는 실수 중에서 지원인력이 학생 옆에 있으면 학생에게 말하지 않고 지원인력에게만 이야기하는 경우가 있다. "선생님, ○○이 여기까지 할 수 있도록 부탁드려요" 수업에 참여하는 것은 학생이므로 학생이 직접 교사의 안내를 받을 수 있도록 하는 것이 마땅하고 중요하다. 그래야 학생이 이 수업 시간에 누구에게 집중해야 하는 지 알 수 있다. 지원은 교사와 학생 사이의 매개가 아니라 학생이 학습과 활동을 좀 더 원활히 하도록 돕는 것이다.

특히 수업에서의 역할과 책임을 지원인력이 구체적으로 이해하도록 수업을 진행하는 교사가 이야기를 하면 효과적이다. 교사마다 수업을 진행하는 스타일도 다르고 수업에서 중심을 두는 부분도 다르기 때문에 자신의 수업에 대한 안내는 직접하는 것이 좋다. 앞서처럼 학생 옆에 앉아 과제를 대신해 주는 경우도 있지만 반대로 핸드폰을 보며 방임하거나 교사의 의견과 상관없이 먼저 아이를 데리고 나가는 등 학생의 참여를 가로막는 경우도 있다.

교사는 수업 설계 과정에서 다양한 형태의 교수 수정을 고민할 것이다. 그때 지원인력의 역할을 구체적으로 설정하고 요청하면 특수교육대상 학생의 수업 참여를 높일 수 있다. 예를 들면 "○

○이는 학습지의 그림을 보며 이야기할 수 있도록 지원해 주세요"
"선생님 제가 앞에서 사진 자료로 단어를 설명할 때 ○○이도 집중해서 볼 수 있도록 해주시고, 단어 설명이 끝나면 다른 학생들이 단어 학습지를 풀 때, ○○이에게 출력된 사진 자료를 한 번 더 보여주며 학습지를 할 수 있도록 도와주세요""발표를 온전히 하지 못하더라도 발표에 참여할 수 있도록 차례가 되면 일어나서 앞으로 나올 수 있도록 안내해 주세요""발음이 어려운 단어는 아래에 발음을 써주세요""혹시 보기에서 답을 찾지 못할 경우 앞의 한 글자만 써 주세요. 그러면 ○○이가 보기에서 찾아서 단어를 완성할 수 있을 것 같습니다""○○이가 잘 모를 때는 힌트를 줘서 할 수 있도록 부탁드려요""스티커에 영어 단어를 써 주시고 ○○이가 찾아서 붙일 수 있도록 지원해 주세요""모둠 활동을 할 때는 같은 모둠 아이들이 ○○이와 함께 과제를 해결할 수 있도록 살짝 떨어져서 지켜봐 주세요. 아이들이 도움을 요청하면 ○○이만 따로 지원하는 것은 지양해 주시고, 전체 모둠 아이들을 지원해 주세요"와 같이 학습지에 대한 쉬운 설명, 시각 자료 제시, 발표 활동 돕기, 도움을 줄여 나가며 활동 촉진하기, 모둠활동 지원방법 등을 알려주면 지원인력은 학생의 수업 참여를 돕는 효율적인 학습 보조자로서 역할을 할 것이다.

지원인력이 개별 학생을 지원한다면 최선의 지원을 하기 위해 명확한 지침과 훈련이 필요하다. 만약 정민이처럼 어려운 행동 문제가 있는 학생을 지원한다면 무엇을 해야 하고 무엇을 하지 말아야 하는지 구체적으로 알아야 한다. 예를 들면, 정민이는 수업 중 교사의 설명이 길어질 때 지루함을 참지 못하고 필통을 바닥에 던지거나 의자를 뒤로 한껏 밀어 주변 학생들을 불편하게 했다. 이 경우 설명식 수업이 계속될 때는 미리 지원인력과 상의하여 정민이가 할 수 있는 과제를 제공할 수 있을 것이다. 또한 정민이는 "안 돼"라는 말에 예민하게 반응해서 소리를 지르는 아이였는데 그럴 경우 대응 방안도 안내해 주는 것이 필요하다. 지원인력이 자칫 문제행동을 막다가 아이를 더 자극하는 일이 없도록 '안돼'라는 말 대신 어떻게 긍정적으로 표현하고 바람직한 행동으로 이끌어 줄수 있는지 구체적 지침을 주는 것이다. 또한 45분 내내 앉아 있는 것이 힘들어 큰 소리를 내기도 했는데, 이 경우 지원인력과 사전에 상의 하에 계획을 세워 수업 중간 잠시 나갔다 들어오며 주의를 전환시키고, 점차 앉아 있는 시간을 늘려갈 수도 있을 것이다. 지원 인력이 있다 하더라도 교실에서 교육하는 주체는 교사이기 때문이다.

통합학급 수업 시 문제가 발생한다면 지원인력 혼자 학생을 즉

각 분리해서 문제를 피하려고만 할 게 아니라 어떤 원인으로 어려움이 촉발되었는지 세밀하게 살피고 교사에게 전달하고 상의하여 문제를 해결해 가는 역할을 할 수 있어야 한다. 지원인력 입장에서는 수업에 피해를 줄 수도 있다는 마음에 분리가 최선이라고 느낄 수도 있다. 하지만 지원인력이 수업에 들어오는 궁극적 목표는 지원 학생의 수업 참여에 있다. 교사가 이를 반드시 인지시키는 것이 필요하다. 전략적으로 잠시 분리할 수는 있으나 궁극적으로는 학생의 수업 참여가 이루어져야 한다는 것을 아는 것과 모르는 것은 큰 차이가 있다. 수업에서 어려운 상황이 발생하면 지원인력 단독으로 판단하여 분리가 이루어지도록 하는 것이 아니라 분리 자체도 수업 참여 지원을 위한 분리가 될 수 있도록 미리 체계적인 계획과 공감대가 있어야 한다.

지원인력이 제대로 학생을 지원할 수 있게 하기 위해서는 특수교사, 교과 교사와 지속적인 의사소통이 필요하다. 무엇보다 지원인력에게는 제도적으로 학교와 교육과정, 통합교육의 목적과 목표, 장애 이해, 행동 중재 방법, 자신의 역할 등에 대한 이해를 증진할 수 있도록 연수가 이루어져야 한다. 사실 지원인력의 선발, 교육, 연수 등은 교육 당국이 책임져야 할 영역이다. 단위 학교와 교사가 감당할 성질이 아니다. 교실 내 모든 학생의 배움과 참여를 보장하기 위해서도 지원인력의 질이 높아질 필요가 있다.

학생 바로 옆에 앉아서 일대일 지원만 제공하는 것이 최선은 아닐 것이다. 언제 밀착 지원이 들어가고 언제 거리를 유지해야 하는지, 어떻게 학생의 자율성을 증진할 수 있는지, 또래의 접촉을 막고 있지는 않은지 점검할 수 있어야 한다. 쉬는 시간이나 점심시간에도 학생이 자유롭게 활동하고 친구들과 어울릴 수 있도록 적당한 거리를 두고 지원해야 한다. 물론 장애의 정도가 심한 학생의 경우 많은 도움이 필요할 수 있다 하더라도 최종 목표는 학생이 스스로 학교 생활과 사회 생활을 할 수 있도록 하는 것이다. 도움을 차차 줄여갈 수 있는 계획이 필요하다. 이는 지원인력이 혼자 스스로 판단하고 결정할 수 있는 문제가 아니므로 개별화교육팀원들과 함께 긴밀한 협의와 협력이 이루어져야 할 것이다.

수업의 책임과 권한은 교사에게 있다. 수업에 들어오는 특수교육대상 학생에 대한 책임과 의무도 지원인력이 아니라 교사에게 있다. 지원인력의 역할은 교사를 도와 학생의 수업 참여를 지원하는 것이다. 하지만 우리 통합교육 현실에서는 아직까지 특수교육대상 학생에 대한 일반교사의 역할조차 제대로 정립이 되어 있지 않은 상태라 자칫 지원인력이 학생 한 명을 오롯이 떠맡는 형태가 되기 쉬운 것 같다. 또한 교과 교사가 매 시간 바뀌는 중학교에서는 교사가 지원인력이 자신의 수업을 돕기 위해 존재한다는 인식을 하지 못할 수도 있다. 제대로 된 체계를 만들어 가기 위해서는 교사가 먼저 특수교육대상 학생을 포함한 수업에 참여하는 모든 학생에 대한 책임과 의무를 인식해야 한다. 수업에서 지원인력이 '통제'가 아니라 진짜 '지원'을 할 수 있도록 체계를 세울 수 있는 사람은 수업 전문성이 있는 교사이기 때문이다.

06

교실에 교사가 둘이면

"선생님, 질문 있어요. 도와주세요"

개별 학습 활동 시간이었다. 이전에 단 한 번도 질문을 한 적이 없는 학생인데 웬일로 손을 들었다. 이렇게 용기 내어 도움을 요청하는 학생들이 점점 많아졌다. 기초학력 보조교사와 협력수업을 하게 된 이후 생긴 가장 큰 변화였다.

기초학력 지원사업으로 보조교사를 지원해 준다는 공문을 보고 눈이 번쩍 뜨여 바로 신청을 했다. 특수교육대상 학생을 비롯해서 어쩔 수 없이 놓치고 갈 수 밖에 없었던 많은 학생들을 효과적으로 지원할 수 있겠다는 생각이 들었기 때문이다.

교사가 된 후 해를 거듭할수록 학생들이 점점 더 다양해지고 있다. 종일 잠을 자는 아이뿐 아니라 잠시도 입을 다물지 못하거나, 산만하게 움직이는, 감정 기복이 심하거나, 늘 우울하거나, 불만에 가득 찬 아이들이 많다. 틱 장애가 있거나 경계선 지능의 느린 학습자도 거의 모든 반에 존재한다. 코로나 이후로는 등교 자체를 힘들어 하는 아이들도 많아졌다. 사회적 관계를 두려워하거나 심각한 정신질환을 겪는 학생들까지 이전에는 한 번도 만나보지 못한 유형의 학생들을 만나면서 교사로서 무력감을 경험하기도 했다. 수업에 대해 고민할 때는 늘 특별한 관심이 필요한 학생들이 눈에 밟혔다. 교사의 눈길과 관심이 닿으면 개선될 여지가 보이는 학생들이 많았지만, 교사 한 사람이 감당하기에 역부족이어서 무언가 시도하는 것 자체가 어려웠다.

특수교육대상 학생이 있는 학급뿐 아니라 모든 학급에 학습에 어려움을 겪는 학생이 존재하기 때문에 지금은 모든 학급이 통합학급이라는 마음가짐으로 수업을 준비한다. 가능한 모든 학생이 수업에 참여할 수 있도록 돕기 위해 일부 학생들의 학습 목표를 수정하거나 교수적 수정 혹은 학습지 수정 등 다양한 조정을 한다. 나는 이를 혼자서 준비하고 수업에 적용했다. 몇 년간 이렇게 수업하면서 나름대로 노하우와 기술을 가지게 되었지만, 혼자서 도저히 할 수 없는 한계도 느끼고 있다. 내가 가진 시간과 에너지도 한

정적인데다, 에너지와 의욕도 매 순간 넘쳐날 수는 없었다. 그래서 더욱 함께할 누군가가 필요했다. 준비한 수업이 제대로 실현되기 위해서는 수업 시간에 개별 학생에게 적절한 촉진이나 개입이 필요할 때가 많다. 하지만 학급에 워낙 많은 학생들이 있다 보니 타이밍을 놓치거나 도움을 주는데 시간이 너무 오래 걸리는 등 다양한 어려움이 발생했다. 아무리 열심히 준비를 해도 고군분투하며 진땀을 빼는 일이 많았다. 인력 지원이 절실하다고 느끼고 있던 차에 보조교사를 지원해 준다니 신청하지 않을 이유가 없었다.

"선생님, 오늘은 Lesson 7 읽기 부분을 모둠학습으로 진행할 거예요. 모둠별로 학습지를 나눠주고 내용 파악 후 발표하는 활동을 할 계획입니다. 선생님과 제가 나눠서 반을 순회하며 활동을 점검하고, 학생들 질문에 답을 해주었으면 합니다"

"오늘은 단어 시험을 봅니다. 제가 학생들에게 단어를 제시할 때 선생님께서 학생들의 수행을 점검해 주시고, 전혀 쓰지 못하는 학생이 있으면 그림 자료가 있는 학습지를 제공해 주세요"

"이번 시간에는 짝과 말하기 활동을 할 거예요. 영어 읽기가 어려운 학생에게 발음이 제시된 학습지를 나눠주시고 옆에서 도와주세요"

"오늘은 문법 설명 후 학습지의 문장을 연습할 거예요. 학습지에 제시된 문장의 단어가 어려운 학생들이 있어요. 그 학생들을 위해 단어의 뜻이 적힌 학습지를 나누어 주시고 해석을 도와주세요"

수업 전에 이렇게 보조교사에게 구체적으로 역할을 부여했다. 수업 방식이나 역할에 대해 미리 상의하지 않으면 자칫 보조교사가 방황하거나 수업을 참관하는 모양새가 되기 쉽다. 수업 전후 보조교사와 간단한 회의를 통해 가장 효과적으로 수업을 지원할 수 있는 방법을 논의하는 시간이 도움이 되었다. 설명식 수업이 이루어질 때는 보조교사가 교과서나 학습지를 따라오지 못하는 학생들을 파악해 옆에서 촉진·지원해 주고, 학생 중심의 활동을 할 때는 나와 함께 역할을 분담하여 학생들을 지도했다. 나 혼자 수업할 때는 학급 인원이 너무 많아 도움을 주지 못하는 학생들이 생길 수밖에 없었는데, 보조교사와 함께하니 훨씬 더 많은 아이들에게 양질의 도움을 줄 수 있었다.

역시 예상했던 대로 한 명 인력의 힘은 컸다. 기초학력 보조교사와 함께 수업을 하게 된 이후로는 도움이 필요한 학생들에게 충분히 설명하고 촉진할 시간이 확보되어 더 많은 학생들의 적극적인 수업 참여가 가능해졌다. 한 사람의 교사가 여러 다양한 학생들을 가르치는 구조로는 놓칠 수 밖에 없었던 많은 학습자들을 지원할 수 있게 된 것이다.

한 학급에 서른 명이 넘는 학생들이 함께 공부를 한다. 이렇게 많은 사람들 사이에서 손을 들어 교사의 도움을 요청하는 것에는 상당한 용기가 필요하다. 아이들은 안전함과 편안함을 느껴야 질문을 할 수 있다. 특히 타인의 인식이나 평가에 민감한 청소년들에게 다인수 학급에서 한 명의 교사에게 도움을 요청하는 것은 큰 심리적 부담이다. 내성적인 학생들은 교사가 도움을 주기 위해 가까이 가기만 해도 주변 친구들을 의식하며 부담스러워 한다. 하지만 교사가 두 명일 땐 상황이 달라졌다. 자신이 교사를 독차지하지 않으니 친구들에게 미안한 마음 없이 편하게 질문을 할 수 있게 된 것이다. 또한 보조교사가 학생들의 학습을 돕기 위해 왔다는 이해가 전제되어 있어 전체적으로 유연한 분위기가 저절로 형성되었다.

보조교사와 나는 수업이 끝난 후 자주 학생들에 대한 이야기를 주고받았다.

"현수는 옆에서 조금 도와주니 잘 하더라고요"

"지영이는 옆에 있는 것을 부담스러워 하는 것 같아서 수정된 학습지를 슬쩍 주었더니 스스로 보고 잘 하더라고요"

"재욱이는 이렇게 지원했을 때 더 잘 참여하는 것 같아요"

평소에 나는 학생들에 대해 관심이 많다고 생각했는데, 확실히 보조교사와 함께 수업을 하니 학생들에 대해 더 많은 것을 알게 되었다. 서른 명 이상의 과밀학급에서 교사 한 명의 시선이 다 닿을 수 없는 곳까지 보조교사의 눈과 경험을 통해 좀 더 세밀하게 살필 수 있었다. 변화하는 학생 개개인의 요구와 특성을 빠르게 파악할 수 있고, 수업이나 학생에 대해 이제까지와는 좀 더 다른 관점으로 논의해 볼 수 있어서 좋았다. 여러모로 수업이 풍성해졌고, 모두가 참여하는 수업에 한층 더 가까이 갈 수 있게 되었다.

"선생님, 보조(협력강사 선생님) 샘은 어디 가셨어요?"

"응. 오늘은 안 나오시는 날이야. 보조 샘이 오셨으면 좋겠니?"

"네, 맘 편히 도와달라고 할 수 있어서 좋아요"

"또 어떤 점이 좋아?"

"학습지 풀 때 질문을 맘껏 할 수 있어요"

"나한테는 질문을 맘껏 못 했어?"

"제가 좀 도움이 많이 필요하잖아요? 보조 샘이 안 계시면 선생님을 오래 붙들고 있게 되니까 맘이 불편해요. 손 드는 애들이 많으면 순서도 기다려야 하고. 선생님이 너무 힘드실 것 같기도 하고"

보조교사는 주당 근무시간을 초과할 수 없기 때문에 모든 수업에 함께 하지는 못한다. 보조교사가 없는 날이면 아이들은 어김없

모두 참여 수업

이 어디 가셨냐는 질문을 한다. 아이들의 생각이 궁금해서 슬쩍 물어보면 모든 반에서 같은 대답이 나온다. 내가 예상했던 답변과 정확히 일치한다. 학습 능력이나 수준과는 상관없이 아이들은 모두 배우고 싶어한다.

"선생님, 오늘은 보조 학습지 없이 단어 시험 한번 볼게요. 저 며칠 동안 단어 공부 열심히 했어요"

이렇게 스스로 보조 학습자료의 선택을 결정하는 학생들도 생겼다. 이런 학생들의 모습을 보며 보조교사도 보람을 느끼는 것 같았다.

"오늘 ○○이 하는 거 보셨어요? 꽤 많이 쓰더라고요. 제가 처음 왔을 때는 하나도 못 쓰고 무기력했는데 나아진 모습을 보니 기특하네요"

"○○이가 오늘 단어 시험에서 백 점을 맞았어요! 보조 학습지로 몇 번 연습해 보더니 이제 방법을 터득한 것 같아요"

시간이 지날수록 보조 선생님의 기쁨의 탄성도 커졌다. 각 반 담임 선생님들에게 학생들의 성장을 이야기하며 기뻐하기도 했다.

"보조 강사 선생님의 역할이 생각보다 큰 것 같아요. 영포자였던 우리 반 아이가 아침마다 영어 공부를 하더라고요"

옆 반 선생님이 이렇게 이야기하기도 했다.

"저도 이렇게까지 아이들이 달라질 줄은 몰랐어요. 저도 크게 깨달은 것이 있다면 아이들은 누구나 배우고 싶어한다는 거예요. 그동안 공부를 포기했다고 생각했던 친구들도 옆에서 끈기 있게 도와주는 누군가가 있으니 조금이라도 해 보려는 마음을 먹더라고요. 제가 혼자 수업할 때는 한 학생만 붙잡고 도와주면 낙인이 되기 쉬운데, 협력강사 선생님과 함께 여러 학생들을 두루 도와줄 수 있으니 자연스럽게 학습 분위기가 고조되어 수업이 풍성해졌어요"

나는 이렇게 선생님들에게 경험을 통한 보조교사의 필요성을 이야기한다. 나뿐만 아니라 많은 교사들이 필요성을 공감하고 협력수업을 주도해 나갔으면 하기 때문이다.

요즘은 특수교육대상 학생뿐 아니라 다양한 교육적 지원이 필요한 학생이 점점 더 많아지고 있다. 이러한 현실에서 가능한 한 모두가 참여하고 성장하는 수업을 위해서 가장 필요한 것이 뭘까? 미래 사회에 발맞추어 디지털 기기의 제공, 인공지능이나 정보통신기술을 활용한 에듀테크도 물론 중요할 것이다. 하지만 이러한 기기와 기술도 수업에 적용하려면 무엇보다 학생들과 관계 맺기가 우선되어야 하고, 학생 개개인의 수준과 특성 파악이 선행되어야 한다. 학교에서 다양한 문제를 겪고 있는 학생들을 만나며, 나는 학생들에게 가장 필요한 것이 인간적 관심과 손길이라는 생각을 매일 하게 되었다. 각자가 타고난 모습대로 존중받으며 교육을 받을 수 있는 학교, 학생 모두가 관심과 지원을 받을 수 있는 학교가 되기 위해서는 내가 직접 경험해 보니 협력교수가 가능한 인력이 최고의 지원이었다. 학생들에게나 교사에게나.

"선생님, 질문 있어요. 도와주세요"

오늘도 교실 여기저기서 학생들이 손을 들고 질문을 한다. 마음껏 질문하고 배우고 소통할 수 있는 수업이 가능해져서 감사하다. 이 제도가 한시적이 아니라 앞으로 더욱 확대 유지될 수 있었으면 좋겠다. 모두가 참여하는 수업을 위해서. 학생 각자가 수업에서 자신의 배움에 좀 더 많은 지원을 받을 수 있도록.

07

우리 반
택배맨

"요즘 학교생활은 어떠니?"

"힘들어요"

짧게 답하는 동욱이의 눈에 금세 눈물이 맺혀 긴 속눈썹이 젖고 있었다. 학기 초 개별 상담 시간이었다. 대화를 열기 위해 일상적으로 던진 질문이었는데, 동욱이의 눈물에 나는 적잖이 당황했다.

"뭐가 힘든지 혹시 선생님한테 말해 줄 수 있을까?"

"그냥……. 아침에 눈 뜨는 게 싫어요. 학교도 싫고 살기가 싫어요"

"그렇구나. 언제부터 그랬어?"

"오래됐어요"

"부모님한테 말씀은 드려 봤어?"

"엄마한테 말했는데, 엄마도 살기 힘들다고 해요. 대화가 안
돼요"

"그렇구나. 선생님한테 얘기해줘서 고마워"

동욱이와 대화를 마친 후 나는 얼른 자료를 찾아보았다. 작년
에 미인정 결석과 조퇴가 매우 잦았던 기록에 눈길이 갔다. 눈 뜨
는 것조차 힘들다는 말이 자꾸만 마음에 걸려 학교 상담교사에게
문의를 했다. 상담교사는 작년에 상담한 적이 있는 동욱이를 기억
하고 있었다. 작년에 한 번 상담을 받고 외부기관을 안내했다고 했
다. 동욱이를 불러 마음이 힘들면 학교 상담을 받아보자고 권유했
지만 고개를 절레절레 흔들었다. 동욱이 어머니와 통화해 보니 작
년에 병원에서 상담을 받은 후 더 마음의 문을 닫은 것 같다고 했
다. 내가 도울 수 있는 일이 없는 것 같아 안타까워 계속 마음이 쓰
였다. 일단 가능한 한 동욱이와 접촉을 많이 하며 세심히 살펴야겠
다는 생각이 들었다.

"동욱아, 선생님 좀 도와줄래?"

보통 반장을 시키거나 나 스스로 처리하는 일들을 동욱이와 함
께 하려고 노력했다. 가령 가정통신문을 걷는다거나 유인물을 배
부하는 일들은 대부분 동욱이에게 시켰다.

"동욱아, 행정실에 우리 반 택배가 왔대. 너무 무거울 것 같은데 좀 도와줄래?"

내가 도움을 요청하는 모습을 보고 학생들 몇 명이 더 따라왔다. 함께 이동하며 자연스럽게 일상 이야기를 주고받았다. 물건을 옮기고 난 후에는 고맙다며 힘껏 칭찬해 주었다. 이후로 동욱이는 우리 반 '택배맨'으로 불리게 되었다. 동욱이에게 자잘한 심부름을 시킬 때마다 고맙게도 다른 학생들이 함께해주었다. 그렇게 주변 친구들과의 접촉도 조금씩 늘려가게 되었다.

이렇게 역할을 부여하며 나는 동욱이의 눈빛과 표정을 놓치지 않았다. 동욱이가 학급에서 자신의 존재감을 느끼며 마음의 구름이 점차 걷히는 것 같았다. 결석과 지각, 조퇴를 밥 먹듯 하던 아이가 매일 시간을 지켜 성실히 등교하는 것만 봐도 마음의 변화를 알 수 있었다.

"동욱아, 결석도 지각도 안 하고 학교 잘 나오네! 동욱이 너무 멋있다!"

기회가 있을 때 한 마디씩 던지면 동욱이는 매우 쑥스러워했다.

"동욱아, 요즘은 어때? 요즘은 눈 떠도 괜찮아?"

"네?"

"전에 상담했을 때 눈 뜨는 것도 싫다고 했잖아"

모두 참여 수업

"아, 요즘은 괜찮아요"

"그래, 괜찮아 보여서 다행이다. 힘든 일 있으면 언제든지 상담 요청해"

그렇게 두 달쯤 지나 체육행사가 있었다. 계주 선수를 뽑기 위해 우리 반 학생들이 체육 시간에 달리기 시합을 하는 모습을 우연히 보게 되었다. 나는 동욱이가 달리는 모습을 보고 깜짝 놀랐다. 내가 아는 동욱이가 맞는지 눈을 비비고 다시 보았다. 평소 교실에서는 거북이 같은 동욱이가 마치 치타처럼 빠르게 달려 1등을 하는 것이 아닌가! 나도 모르게 동욱이에게 뛰어가 소리를 질렀다.

"동욱아! 너 달리기 진짜 잘한다! 최고야!"

"아니에요. 저 잘 못해요"

"못하긴! 동욱아, 너 우리 반에서 제일 잘 달려. 정말 멋지다!"

내가 흥분을 감추지 못하고 계속해서 칭찬하자 동욱이가 쑥스러운 듯 웃었다. 나는 동욱이의 강점을 발견한 것이 눈물나게 감사했다. 그날 저녁에는 동욱이에게 메시지를 보냈다.

'동욱아, 오늘 너무 멋지더라. 선생님이 우리 동욱이한테 반했어. 늘 그렇게 힘차고 당당한 모습으로 어깨 쫙 펴고 살자. 선생님이 항상 응원할게'

'네. 감사합니다'

짧은 대답 뒤에 동욱이의 쑥스러운 미소가 보이는 듯했다.

그후 체육대회에서 우리 반은 계주 우승을 했다. 동욱이가 달리는 모습 위로 학기 초에 고개를 푹 숙이고 눈물을 떨구던 모습이 겹쳐져 눈물이 났다. 나는 동욱이 덕분에 우승을 했다는 칭찬을 아끼지 않았다. 반 아이들도 함께 동욱이의 어깨를 두드리는 모습이 보였다.

체육행사는 잠시 스치고 지나갔지만 그후로 동욱이의 모습은 한결 달라졌다. 친구들과 점심시간 보드게임을 하고, 땀 흘리며 운동을 하는 모습도 보였다. 전보다 훨씬 밝은 표정으로 학교생활을 하는 모습이 자랑스러웠다.

몇 개월이 지나 영어 말하기 수행평가가 있는 날이었다.

"동욱이 긴장했구나. 숨 한 번 크게 내뱉고, 틀려도 되니까 천천히 해"

동욱이가 얼마나 긴장을 하는지 내 손에 땀이 나고 가슴이 두근거렸다. 순간 한 해 전 말하기 평가 당시 동욱이의 모습이 떠올랐다. 전혀 시도해 볼 생각조차 없는 모습으로 힘없이 포기하겠다고 했었다.

이어지는 동욱이의 모습에 나는 너무 놀라 눈물이 날 뻔했다. 짧은 영어 대화가 끝나고 나서 나도 모르게 벌떡 일어서서 박수를 치고 말았다.

"동욱아, 대체 연습을 얼마나 한 거니? 만점이잖아! 대단해!"

동욱이의 얼굴도 벅찬 기쁨에 상기되어 있었다. 수행평가를 포기할 정도로 아무것도 하지 않으려 했던 동욱이가 이렇게 변화되다니, 충격에 가까울 정도로 놀라웠다.

나는 동욱이의 변화 이유가 궁금했다.

"동욱아, 정말 잘했어! 근데 어쩐 일로 이렇게 열심히 한 거니?"

"그냥요"

동욱이가 쑥스러운 듯 웃으며 답했다.

몇 개월간 동욱이가 서서히 변화되던 모습을 떠올려 보았다. 아이들이 변화되는 요인을 어찌 하나로 꼽을 수 있을까? 자판기에 동전을 넣고 버튼을 누르면 딱 맞는 음료가 나오듯 학생들 유형에 따라 딱 맞는 개입이 있었으면 좋겠다는 생각을 한 적도 있었다. 하지만 학생들의 문제는 같은 양상을 보여도 필요한 지원은 다 달랐다. 동욱이의 경우 자주 접촉하기, 학급에서의 역할 찾아주기, 강점을 발견하고 칭찬해 주기가 통했던 것 같다. 더불어 좋은 학급 친구들을 만나 매일 자연스럽게 어울리며 학교에 오는 재미를 느끼게 된 것으로 보였다. 누구나 사회적 욕구가 있기 때문에 주변 사람들과의 관계에 생기가 돌면 동기가 생기고 무엇이든 하고 싶어지기 마련이다.

　학업 성취라는 하나의 목적만을 추구한다면 학교에서는 성적이 상위권인 학생 외의 다른 학생들은 위축될 수 밖에 없다. 학교에 오기 싫어서 아침에 눈 뜨기가 싫다던 동욱이가 학급에서 자신의 존재를 인정받고 강점을 찾아가는 모습에서 나는 우리 교육의 방향에 대해 다시 생각하게 되었다. 교실에서 자신의 존재를 인정받고 강점과 존재감을 드러낼 수 있는 분위기라면 수업 참여는 자연스레 만들어질 것이다. 우수한 학업성취를 이룬 소수의 학생만이 인정받는 학교가 아닌, 모두가 각자의 개성과 장점을 발견하여 당당한 사회인으로 살아갈 발판을 마련할 수 있는 학교가 되었으면 좋겠다. 이를 위해서는 학업을 위한 수업뿐 아니라 학생들에게 다양한 기회를 제공하고 자신의 강점을 찾도록 안내하는 것 또한 교사의 중요한 역할일 것이다. 성적이라는 하나의 목표나 목적만 존재한다면 치열한 경쟁과 삭막한 관계만이 남을지도 모른다. 모두가 각자 다른 모습 그대로 인정받는 교실이라면 그 공간에서 아이들의 관계도 다채롭게 채색될 것이다.

　동욱이처럼 심리적으로 어려움을 겪는 학생들은 많다. 그들은 모두 다른 원인, 상황, 환경으로 인해 힘들어 한다. 그 모든 것을 교사인 내가 다 파악하고 맞는 지원을 해주기는 어렵다. 동욱이의 경우는 나의 관심과 노력이 잘 통했지만, 그렇지 않은 아이들도 많았다. 좀 더 전문적인 치료와 상담이 필요한 학생의 경우 그 부모를 설득하여 외부기관에 보내는 과정도 결코 쉽지 않았다. 그런 학생들에게는 내가 해줄 수 있는 것이 한정적이고 조심스러웠다. 가정에서의 결핍이 심한 학생일수록 교사가 할 수 있는 일이 제한적인 것 같아 마음이 아프기도 했다.

나는 교사로서 내가 할 수 있는 역할에 집중하기로 했다. 관심을 계속 드러내는 것, 사소하지만 끊임없이 존재감과 소속감을 느끼도록 호출하고 칭찬하는 것, 학생의 관심을 파악하여 잘하는 것에 집중할 수 있도록 돕는 것, 시답잖은 장난이라도 치며 심리적으로 가까이 가는 것 등이다.

"요즘 학교생활은 어떠니?"

"괜찮아요"

동욱이의 환한 미소에 내 마음이 감사의 눈물로 촉촉이 젖었다. 우리 반 아이들에게 학교가 알록달록한 기쁨이 존재하는 곳이었으면 좋겠다. 서로의 강점을 발견하고 존중하며 배움과 성장을 함께하는 친구들을 만나는 곳이기를 소망한다. 그 모습을 지켜볼 수 있는 행운을 가진 교사로서 오늘도 나의 작은 역할을 찾는다.

이게 공정한
평가라고요?

"학번이랑 이름 쓰고 1번에서 5번 중 마음에 드는 거 한 번호
만 찍어"

특수교육대상 학생에게 OMR 카드에 한 번호로 찍는 연습까지
시킨다. 학교에서 배운 것과는 관계없이 꼴찌가 되는 연습을 시키
는데, 이를 아무도 부끄러워하지 않는다. 교육이라 할 수 없는 것
을 교육하면서도 왜 의문을 제기하지 않을까?

특수교육대상 학생을 선정하는 것은 특별한 교육적 지원을 하
기 위해서다. 개별 학생의 수준과 특성에 맞는 교육을 하기 위해
개별화교육지원팀이 꾸려지고 회의를 통해 개별화교육계획을 세
운다. 이 계획에 따라 교육이 충실히 이루어졌다면 평가도 응당 개

별 학생에 따라 달라져야 하는 것이 마땅할 텐데, 비장애 학생들과 똑같은 평가를 치러야 한다니 상식을 벗어난 시스템이다.

학생의 입장에서 생각해 보면 황당한 일이다. 배우지도 않은 것을 수행하라고 하면 얼마나 괴롭고 소외감이 들까? 결국 자신은 친구들과 다르게 아무것도 할 수 없는 사람, 꼴찌를 하는 게 당연한 사람이라는 걸 학교에서 공식적인 시험을 통해 알려주는 것과 같다. 이런 부당함을 표현하지 않을 뿐 느끼고 있을 것이다.

평가가 이렇게 의미가 없어지면 학생들은 자연스럽게 수업과도 멀어지게 된다. 배움을 확인할 기회가 없으니 학습 동기가 낮아질 수밖에 없다. 교사 또한 평가의 책임과 의무에서 자유로워지기 때문에 특수교육대상 학생을 수업에서 크게 고려하지 않거나 배제하기 쉬워진다. 수업에서 배제되기 쉬운 학생이 특수교육대상 학생들 뿐일까? 수업에서 소외된 학생이 학교에서 패배감만 배우는 것은 능력주의의 당연한 결과이다. 우리는 모든 학교에서 이렇게 일정 수의 학생을 소외시키고 열등감과 절망을 심어주고 있다.

시험을 치르고 난 후 학생들에게 개별 성적표를 나누어 주면서 나는 고민에 **빠졌다**. 우리 반 특수교육대상 학생에게 성적표를 주기가 주저되었다. 학생에게 가르치지도 않은 공통교육과정의 성취 기준에 의해 출제한 시험을 치르도록 해놓고 모든 과목이

10-30점대인 성적표를 받도록 하는 것이 과연 옳은 일일까? 그렇다고 생활기록부에 남게 될 성적을 부모에게 알리지 않는 것도 이상했다.

내가 특수교육대상 학생의 부모라면 어떤 생각이 들까? 아이가 학교에서 과연 무엇을 배우는지, 한 학기 동안 어떤 성취를 이루었는지 궁금하지 않을까? 아이가 장애가 있으니 매번 최하점을 받는 게 당연하다고 생각하는 부모는 아무도 없을 것이다. 비장애 아이들과 같은 내용을 학습하기 힘들다는 것을 잘 알고 있어서 특수교육대상이 되고 지원을 받으려 했는데, 학교에서 가르치는 내용과 평가가 비장애 아이들과 똑같다는 걸 어떻게 이해할 수 있을까?

내가 특수교육대상 학생이라면 어떤 기분이 들까? 수업 시간에 온통 어렵고 의미 없는 내용을 들으며 앉아 있는 것도 괴로운데 시험까지 치라고 한다면, 나는 더 이상 아무것도 하고 싶지 않아질 것 같다. 게다가 계속 최하점의 피드백을 받는다면 나는 무엇이든 못하는 사람이라는 생각이 굳어질 것이다. '못하는 존재'라는 주변의 평가에 둘러싸인다면 그에게는 배움의 욕구가 살아날 것인가? 배울 욕구와 의지를 꺾는다면 교사와 학교는 그에게 학생이기를 요구할 수 있을까?

이 같은 평가에 대한 문제의식은 아마 나만 가지고 있지 않을

모두 참여 수업

것이다. 교사라면 누구나 고민해 보았을 테지만, 거대한 시스템을 어디서부터 어떻게 바꾸어야 할지 몰라 답답할지도 모른다. 나도 기회가 있을 때마다 교육 당국에 문제를 제기해 보았지만, 능력주의가 만연한 사회에서 입시제도의 바탕이 되는 평가 시스템을 개선하기 어렵다는 뻔한 결론밖에 없었다. 마치 입시용 평가시스템이 모든 것의 원인이자 결과인 것처럼 여기는 듯했다.

나는 그저 손 놓고 있을 수는 없었다. 당장 획기적인 변화는 어렵더라도 교사로서 내가 할 수 있는 것부터 해 보자는 생각이 들었다. 지필평가는 현실적으로 시험 시간이나 환경을 조정하는 '평가 조정'만이 가능했지만, 수업 시간에 소소하게 진행되는 쪽지 시험이나 단원 확인 평가, 그리고 수행평가는 수업을 하는 나의 재량으로 어느 정도 '대체 평가'가 가능했다.

우선 단원별로 두 번씩 진행되는 단어 쪽지 시험에서 특수교육 대상 학생과 기초학력부진 학생들에게 대체 시험을 제공했다. 단어의 개수를 줄이고 난도를 낮춘 시험이었다. 대부분 학생들이 단어의 발음을 듣고 철자와 뜻을 쓰는 평가를 진행할 때, 도움이 필요한 학생들은 대체 평가지를 선택할 수 있는 기회를 주었다. 대체 평가지는 평소 단어 학습 시 사용했던 학습지를 응용해 줄긋기, 보기를 보고 선택하기, 동그라미 치기, 사진과 연결하기 등으로 구성했다.

수행평가는 대체 평가가 쉽지는 않았다. 성취 기준 자체가 너무 높은 경우가 많아 난도를 낮추면 완전히 다른 평가가 되기 일쑤였다. 과제의 양을 줄여주는 방법을 가장 많이 썼다. 예를 들면 메뉴판을 보고 영어로 음식을 주문하는 말하기 평가에서 5문장을 발화하는 것이 목표라면 특수교육대상 학생은 최소한 1~2문장이라도 발화할 수 있도록 가정에서 연습할 수 있게 학부모의 도움을 요청했다.

다음과 같은 대화문에서 보통 학생들은 완벽한 다섯 문장을 막힘없이 유창하게 발화해야 한다면, 특수교육대상 학생의 경우 의미가 충분히 통하는 문장을 발화하면 인정점을 주었다.

예시 대화문

M: Welcome. What would you like to order?
환영합니다. 무엇을 주문하시겠어요?

G: _____
저는 (   )를 먹고 싶습니다.

M: Would you like anything else?
더 필요한 것은 없으세요?

모두 참여 수업

G: _____

    (   ) 주세요.

M: OK, then will that be all?

    알겠습니다, 그럼 그것이 다인가요?

G: No, _____

    아니요, (   )주세요.

M: Is it for here or to go?

    여기서 드시겠어요, 아니면 가져가시겠어요?

G: _____, please.

    여기서 먹을게요/ 포장해갈게요

M: The total comes to 10 dollars.

    모두 10달러입니다.

G: OK. _____

    네 여기있어요.

우리 반 특수교육대상 학생인 지원이는 어머니와 가정에서 연습해서 세 문장을 발화했다. 평소 해외여행을 가고 싶어 하는 지원이에게 여행지 식당에서 영어로 음식을 주문해야 한다고 설명하며 연습하도록 동기 부여했다. 이번이 3학년인 지원이는 중학교에서 영어 수행평가 최하점을 받지 않은 것이 이번이 처음이었다. 그동안은 점수 자체보다도 평가에 참여할 기회조차 주어지지 않은 것이 문제였다. 어떻게든 해 볼 수 있도록 조정해 주고, 설사 최하점을 받는다 하더라도 최소한 참여할 수 있도록 하는 데 의의가 있다고 믿고 지도했다.

영어로 쓰인 소설책을 읽고 감상문을 쓰는 수행평가에서는 혼자 글을 읽기 힘든 특수교육대상 학생에게 그림이 많고 글밥이 적은 그림책을 보도록 했다. 평가 시간이 의미 없는 시간이 되지 않도록 학생이 읽을 수 있는 책을 찾아주려고 했다. 수행평가지에 쓸 수 있는 것은 거의 없었지만, 그래도 읽기 활동에 참여하고 무엇이든 써 보도록 격려했다.

장애가 있거나 기초학력이 부진한 학생에게 같은 목표와 기준을 적용하면 아무것도 할 수 없는 아이가 되지만, 할 수 있도록 조정해 주면 할 수 있는 학생이 되었다. 학생이 할 수 있는 수준과 분량을 잘 조정해 주는 게 중요했다. 하지만 이러한 노력도 정기고사에서는 할 수 없는 한계가 있으니, 시험을 포기할 수밖에 없는 학생들을 보며 안타까운 마음뿐이었다.

장애 학생의 경우 개별화교육계획(IEP)에 따라 교육을 하도록 되어 있다. IEP는 특수교육대상 학생의 교육권을 법적으로 보장해 주는 문서인데, 왜 이에 따라 평가가 이루어지지 않을까? 특수교육대상 학생이 통합학급에서도 IEP에 따라 교육이 이루어지고 학습한 내용을 평가받을 수 있는 시스템이 구축되지 않으면 통합교육도 계속해서 물리적 통합 수준에 머무를 수밖에 없을 것이다. 그렇다고 제도가 바뀌고 시스템이 구축되기를 기다리는 것이 답이 될 수는 없다. 당장 교실의 학생들에게 유의미한 평가, 개별에 맞는 평가, 성장을 촉진하는 평가는 교사의 노력으로 시도해 볼 수 있지 않을까?

평소 수업에서 소외되는 학생 없이 최대한 많은 학생을 수업에 참여시키려는 노력을 꾸준히 하고 있는 교사로서 우리의 평가 시스템이 학생들의 배움을 가로막는 구조에 안타까움을 자주 느낀다. 서열화가 목적인 평가, 다양성을 반영하지 않은 평가, 표현의 방식을 제한하는 평가, 누군가의 등급을 올려주기 위한 평가가 학생들의 배움의 즐거움을 가로막고, 모든 학생을 수업에 참여시키려는 교사들의 노력을 좌절시키고 있다. 반드시 변화가 필요하다. 정책의 변화, 시스템의 변화, 거기에 학교와 교사들의 변화까지.

모두 함께
수업

"선생님 오늘 수업 너무 재밌었어요!"

수업이 끝나고 교실을 나가는 나에게 시현이가 다가와 소리쳤다.

"그래? 뭐가 그렇게 재미있었어?"

"몰라요. 그냥 다요! 잠이 안 와요"

잠이 안 온다는 시현이의 말에 피식 웃음이 났다. 얼마 전까지만 해도 꾸벅꾸벅 조는 모습이 자주 목격되었기 때문이다. 시현이의 영어 실력은 일반 교육과정의 교육 수준과 목표를 따라가기 어려운 정도이다. 그런데 어떻게 수업에서 재미를 느꼈을까?

"선생님 오늘도 발표했으니 도장 찍어 주세요"

"그래, 은수야. 오늘도 발표 잘했어. 그런데 요즘 왜 이렇게 열심히 하니? 작년엔 이렇게까지 열심히 하지 않았잖니?"

"올해는 도장을 많이 받아서 선생님이 주시는 상품을 한번 받아보려고요"

"작년에도 도장을 줬는데, 올해 특별히 더 열심히 하는 이유가 있어?"

"하하 이제야 영어가 좀 재미있어졌어요"

은수는 2년째 나에게 영어를 배우는 학생인데, 작년에는 보지 못했던 적극성을 올해는 보이는 게 기특하고 신기했다. 영어가 재미있어졌다니 교과 교사에게 이보다 더 큰 칭찬은 없을 것 같다.

학업 성적이 뛰어나지는 않지만 나름대로 수업에 참여하며 재미를 느끼고 있는 학생들의 공통점은 수업이 해 볼 만 해졌다는 것이다. 시현이의 경우 자세히 설명된 보조 학습지와 기초학력 보조 교사의 도움을 받아 아무것도 하지 못하고 손 놓고 있던 시간이 차츰 줄어들었다. 은수는 타인의 시선을 늘 의식해서 무엇이든 시도하기 어려워하는 경향이 있었는데, 교사와 신뢰 관계가 형성되고 실수가 배움으로 연결되는 경험을 여러 번 하다 보니 재미를 느끼게 된 것 같았다.

모두가 참여하는 수업은 말도 안 되는 이상일 뿐이라는 생각을 하던 때도 있었다. 반에서 70-80%의 학생만 수업을 따라오면 성공한 수업이라고 생각하기도 했다. 하지만 나머지 20-30%의 학생에게 내 수업이 너무 힘든 고통이 된다면 과연 성공한 수업이라고 말할 수 있을까? 소수의 학생이라도 내 수업으로 인해 실패와 좌절만 느끼고 영어를 포기하게 된다면 과연 수업을 잘했다고 말할 수 있을까 하는 고민이 들었다.

다양한 학습자의 특성을 반영하고 수준에 따른 도움을 받을 수 있는 수업을 설계하고 실행하며 나는 교사로서 이전에는 맛보지 못했던 기쁨을 자주 느낄 수 있었다. 선행 학습이 잘 되어 있는 일부 우수한 학생 또는 이해력이 뛰어나 명쾌한 설명식 수업만으로도 교수 목표에 도달하는 학생들은 어쩌면 내 수업이 아니어도 잘 배울 수 있을 것이다. 하지만 가능한 모두를 고려한 나의 세심한 수업 설계가 도움이 꼭 필요한 학생들에게 가 닿을 때 나는 내가 진짜 수업을 하고 있다고 느끼게 되었다. 수업을 통해 지식만을 전달하는 것이 아닌 삶에서 가장 중요한 태도와 가치, 타인에 대한 존중이 전해진다고 느껴져 전율하게 되는 순간이 많았고, 교사로서 보람이 컸다.

우리 교육의 문제점으로 모두가 입시제도와 능력주의 사회를 꼬집는다. 하지만 그 거대한 제도와 사회를 내 힘으로는 바꿀 수 없다. 나는 그저 한 명의 교사일 뿐이다. 하지만 내 수업은 내 뜻대

모두 참여 수업

로 얼마든지 바꾸어 볼 수 있다. 입시제도처럼 학생들을 줄 세우지 않고 각각의 고유한 특성과 장점을 따뜻한 눈으로 바라봐 줄 수 있다. 내 수업에서만큼은 능력에 따라 학생들을 평가하지 않고 누구나 존중받으며 배울 수 있는 분위기를 만들 수 있다. 서로 경쟁하기 보다는 협력하는 수업, 질문과 유머가 있는 수업, 실수가 배움으로 이어지는 수업, 어제보다 나은 오늘의 자신을 기뻐하는 수업을 만들 수 있다. 내가 바꿀 수 없는 제도와 사회를 탓하기보다는 오늘 내가 바꿀 수 있는 수업에 집중하고 싶다. 나에게 적어도 내 수업을 바꿀 수 있는 능력과 권한이 주어진 것에 감사하며, 내 수업으로 인해 단 한 명의 학생이라도 움츠러든 날개를 펼 수 있기를 바란다. 교사의 보람과 기쁨, 존재의 이유는 수업에 있다고 나는 믿는다. 교실 속 모두가 함께 배우는 수업에 있다고 믿는다.

모두 참여 수업 중등편
정답은 아니어도 답은 있다

초판 1쇄 펴낸 날 2024년 4월 5일

지은이 손윤선, 김양숙, 이수현
펴낸이 이후언
기획 이종필
편집 이후언
디자인 윤지은
인쇄 하정문화사
제본 강원제책사

발행처 새로온봄
주소 서울시 관악구 솔밭로7길 16, 301-107
전화 02) 6204-0405
팩스 0303) 3445-0302
이메일 hoo@onbom.kr
홈페이지 www.onbom.kr

ⓒ onbom, 2024. Printed in Seoul, Korea

ISBN 979-11-974585-9-0 (03370)